Tobias Kador

Aufhebungs-/Abwicklungsvertrag

Ein Kommentar

Tobias Kador

Aufhebungs-/Abwicklungsvertrag

Ein Kommentar

Schriftenreihe - Arbeitsrecht
Band 4

© 2006 Alle Rechte vorbehalten

RKW - Verlag

Düsseldorfer Straße 40
65760 Eschborn

RKW-Nr. 1509
ISBN 3-89644-256-2

Layout: RKW, Eschborn
Druck: Klarmann Druck, Kelkheim

Inhaltsverzeichnis

Vorwort		7
I	**Aufhebungsvertrag – Text**	**9**
II	**Aufhebungsvertrag – Kommentierung**	**19**
Einleitung		19
§ 1 –	Aufhebungsklausel – Abwicklungsklausel	27
§ 2 –	Freistellung und Urlaub	40
§ 3 –	Abfindungsklausel	45
§ 4 –	Kündigungsrecht – Arbeitnehmer	59
§ 5 –	Tantiemen, Provisionen und Gratifikationen	60
§ 6 –	Spesenregelung	63
§ 7 –	Betriebliche Altersvorsorge (Ruhegeld/Vorruhestandsgeld)	64
§ 8 –	Direktversicherung	69
§ 9 –	Diensterfindungen	70
§ 10 –	Zeugnis	72
§ 11 –	Arbeitspapiere	76
§ 12 –	Dienstwagen	79
§ 13 –	Dienstwohnung	81
§ 14 –	Unternehmenseigentum	82
§ 15 –	Arbeitgeberdarlehen	84
§ 16 –	Aus- und Fortbildungskosten	85
§ 17 –	Wettbewerbsverbot	87
§ 18 –	Verschwiegenheitspflicht	90
§ 19 –	Rechtsberatungskosten	93
§ 20 –	Klageregelung	94
§ 21 –	Hinweispflichten	95
§ 22 –	Meldepflicht	99
§ 23 –	Ausgleichsklausel	101
§ 24 –	Regressansprüche	104

§ 25 –	Zurückbehaltungsrecht	105
§ 26 –	Aufrechnungsverbot	105
§ 27 –	Salvatorische Klausel	105

III		**Praktische Tipps**	**107**
1		Gesprächssituation und Interessenlage	107
2		…und danach	111
3		Qualifizierung der Anwälte	111
4		Anwaltskosten und Pauschalvereinbarungen	113
5		Unterlagen für ein Beratungsgespräch	115
6		Portale zum Aufhebungsvertrag im Internet	115

Literaturverzeichnis	116
Rechtsprechungsnachweise	119
Abkürzungsverzeichnis	121
Stichwortverzeichnis	123
Über den Autor	129

Vorwort

Der Aufhebungsvertrag ist ein wichtiges Instrument der Personalabbauplanung. Circa 80 Prozent aller zur Disposition stehenden Arbeitsverhältnisse werden durch Aufhebungsvertrag beendet. Er bietet gegenüber der Kündigung für den Arbeitgeber den Vorteil der Rechtssicherheit. Ihm droht kein langwieriger Prozess einer Kündigungsschutzklage; das gilt insbesondere dann, wenn der Arbeitgeber sich wegen der Zerstörung des Vertrauensverhältnisses aufgrund verhaltensbedingter Gründe von einem Mitarbeiter trennen will. Für den Arbeitnehmer bietet der Aufhebungsvertrag den Vorteil, seinen beruflichen Werdegang bei einem bevorstehenden Arbeitsplatzwechsel zu gestalten oder auch seine Ziele bei einer arbeitgeberseitig beabsichtigten Beendigung des Arbeitsverhältnisses in ein ausgewogenes Gleichgewicht mit den arbeitgeberseitigen Interessen zu bringen. Der Aufhebungsvertrag weist dabei vielfältige Bezüge zum allgemeine Zivilrecht, zum Arbeitsrecht, zum Sozialrecht und zum Steuerrecht auf. Insbesondere die sozialrechtlichen Risiken – namentlich die Verhängung einer Sperrzeit – stoßen die Überlegung an, ob ein Aufhebungsvertrag arbeitsgerichtlich protokolliert werden soll. Das Instrument Aufhebungsvertrag in seinen Bezügen darzustellen und eine praktisch Hilfe allen zu geben, die in der schwierigen Arbeitsmarktsituation mit der Beendigung eines Arbeitsverhältnis konfrontiert sind, dazu dient diese kommentierte Ausgabe. Zielgruppe des Kommentars sind damit alle Betroffenen, insbesondere die unmittelbar Beteiligten – Arbeitgeber und Arbeitnehmer. Aber auch alle, die in diesem Bereich beratend tätig sind; also die gewerkschaftliche Vertretung, die Betriebsräte und die Anwälte, die für eine Rechtsberatung eine kompakte Darstellung der möglichen Regelungsinhalte und ihrer Konsequenzen in den oben benannten Rechtsgebieten suchen und sich schnell mit der Materie vertraut machen wollen.

Und so benutzen Sie das Buch:

Kapitel I: Hier finden Sie einen Mustervertrag mit 27 Paragraphen zu den möglichen Regelungsinhalten. Die hochgestellten Zahlen verweisen auf das Kapitel II.

Kapitel II: Hier sind alle 27 Paragraphen noch einmal einzeln aufgeführt und kommentiert. Nach dem Vertragstext finden Sie ein Stichwortverzeichnis, das auf einzelne Abschnitte verweist. Die Kommentierung berücksichtigt arbeits-, sozialrechtliche und steuerliche sowie sonstige Aspekte.

Kapitel III gibt praktische Tipps.

Im Anhang finden Sie Literaturverzeichnis, Rechtsprechungsnachweise, Abkürzungsverzeichnis und Stichwortverzeichnis.

I   Aufhebungsvertrag - Text

Zwischen

_____, vertreten durch ihren Geschäftsführer,

- nachfolgend Arbeitgeber -

und _____

- nachfolgend Arbeitnehmer -

wird folgendes vereinbart:

§ 1 – Aufhebungsklausel – Abwicklungsklausel

Die Parteien dieser Vereinbarung sind sich darüber einig, dass das zwischen ihnen bestehende Arbeitsverhältnis auf Veranlassung [3.2, 4] des Arbeitgebers zur Vermeidung einer sonst auszusprechenden ordentlichen betriebsbedingten [3.7.1] (oder personenbedingten [3.7.2]) Kündigung mit Ablauf [2.1, 3.8.2] des _____ beendet wird.

oder im Falle des Abwicklungsvertrags [1.1, 1.3, 1.4]

Der Arbeitnehmer wird auf Grund des Arbeitsvertrages vom _____ seit dem _____ bei dem Arbeitgeber als _____ beschäftigt. Das Arbeitsverhältnis wurde vom Arbeitgeber ordentlich unter Einhaltung der Kündigungsfrist betriebsbedingt zum _____ gekündigt. Dies vorausgeschickt schließen die Parteien folgende Abwicklungsvereinbarung.

    oder

Die Parteien sind sich darüber einig [1.3], dass das bestehende Arbeitsverhältnis auf Grund ordentlicher betriebsbedingter Kündigung des Arbeitgebers vom _____ unter Einhaltung der vertraglichen Kündigungsfrist zum _____ beendet wird. Der Arbeitnehmer verzichtet [1.3] auf das Recht zur Erhebung einer Kündigungsschutzklage. Dies vorausgeschickt schließen die Parteien folgende Abwicklungsvereinbarung.

§ 2 – Freistellung und Urlaub

Bis zur Beendigung des Arbeitsverhältnisses verbleibt es bei den beiderseitigen Rechten und Pflichten. Ab dem _____ wird der Arbeitnehmer jedoch unter Fortzahlung [1.3] der vertraglichen Vergütung (unwiderruflich [1.4, 1.5]) freigestellt. Dabei besteht Einigkeit darüber, dass mit der Freistellung zugleich noch bestehende Urlaubsansprüche [1.5] und etwaige bestehende Überstunden aus dem Arbeitszeitkonto erfüllt werden. Dem Arbeitnehmer ist gestattet, während der Freistellungsphase eine Tätigkeit [1.7] auszuüben; der hierbei erzielte Verdienst wird in Höhe von _____ auf die vereinbarte Vergütung angerechnet.

§ 3 – Abfindungsklausel

Der Arbeitgeber zahlt dem Arbeitnehmer für den Verlust des Arbeitsplatzes und des damit verbundenen sozialen Besitzstandes [1.2] gemäß §§ 3 Nr. 9, 24, 34 EStG und in entsprechender Anwendung der §§ 9, 10 KSchG [1.2, 4] eine Abfindung [1.3, 3.1] in Höhe [2.1] von _____ € (ggf. netto oder brutto [4.1, 4.3, 4.5]). Der Abfindungsbetrag wird einmalig [1.4, 4.3] (*oder* in Höhe von _____ €) ausbezahlt. (*oder* Der darüber hinausgehende Restbetrag wird mit der Hälfte des durchschnittlichen Steuersatzes abgerechnet [4.5].) Die Abfindung ist vererblich [2.4], sie ist bei Beendigung des Arbeitsverhältnisses fällig [2.3] (*oder* Die Abfindung entsteht mit der Beendigung des Arbeitsverhältnisses [2.2]). Die Abfindung ist auf die Abfindung aus dem Sozialplan [1.1] anzurechnen.

§ 4 – Kündigungsrecht – Arbeitnehmer

Der Arbeitnehmer hat das Recht, den Arbeitsvertrag mit einer Ankündigungsfrist von ____ Tagen vorzeitig zu beenden. Eine solche vorzeitige Beendigung liegt im Interesse des Arbeitgebers. Im Falle des Ausscheidens vor dem in § 1 – Aufhebungsklausel genannten Zeitpunkt erhöht sich die dem Arbeitnehmer zu zahlende Abfindung um _____ € (brutto oder netto) (*oder* um das jeweils gesparte Bruttomonatsgehalt) pro Monat des vorgezogenen Ausscheidens. Die Berechnung der erhöhten Abfindung erfolgt auch anteilig für den Fall, dass das Arbeitsverhältnis nicht stichtagsgetreu mit dem Monatsende beendet wird.

§ 5 – Tantiemen, Provisionen und Gratifikationen

Dem Arbeitnehmer steht für das Vorjahr und das laufende Geschäftsjahr noch eine Tantieme [2.1] /Provision [3] (aus den vermittelten Verträgen) _____ zu. Zum Ausgleich dieser Tantiemeansprüche zahlt der Arbeitgeber dem Arbeitnehmer noch einen Betrag in Höhe von _____ € brutto. [2.1, 2.2] Der Arbeitnehmer erhält für die Vermittlung von Aufträgen eine Pauschalzahlung in Höhe von _____ € brutto zur Abgeltung seines Provisionsanspruchs. Der Arbeitnehmer erhält außerdem noch für das laufende Jahr das (…anteilige…) 13. Monatsgehalt [4.1] in Höhe von _____ € brutto (oder in Höhe von x/12 des 13. Monatsgehalt in Höhe von _____ €). Bereits erhaltene Gratifikationen kann der Arbeitgeber nicht zurückfordern [4.2]. Die Beträge werden mit der letzten Gehaltsabrechnung abgerechnet.

§ 6 – Spesenregelung

Eventuell noch ausstehende Reise- und Spesenabrechnungen [2] sind bis zum _____ abzurechnen. Ein eventuell bestehender Reise- oder Spesenvorschuss [1] muss bis zum _____ zurückgezahlt werden.

§ 7 – Betriebliche Altersvorsorge (Ruhegeld/Vorruhestandsgeld)

Die Parteien sind sich darüber einig, dass dem Arbeitnehmer keine unverfallbare Anwartschaft [2.3, 2.7] auf betriebliche Altersvorsorge zusteht.[2.4]

oder

Mit Zusage vom _____ sind dem Arbeitnehmer Leistungen der betrieblichen Altersversorgung zugesagt worden. Soweit die Unverfallbarkeitsvoraussetzungen [2.3, 2.7] des § 1b BetrAVG erfüllt sind, wird der Arbeitgeber die Anwartschaften aufrechterhalten und dem Arbeitnehmer darüber eine Bescheinigung gem. § 2 Abs. 6 BetrAVG erteilen. [2.4]

oder

Zur Abgeltung der Anwartschaft besteht zwischen den Parteien Einigkeit darüber, die Altersrente gemäß § 3 Abs. 2 BetrAVG abzufinden [2.5]. Die Höhe [2.5, 2.6] der zu zahlenden Abfindung ist durch das Gutachten vom _____ ermittelt worden. Die Kosten des Gutachtens tragen die Parteien je zur Hälfte. [2.4]

§ 8 – Direktversicherung

Auf das Leben des Arbeitnehmers ist bei der Versicherungsgesellschaft unter der Versicherungsnummer _____ ein Versicherungsvertrag abgeschlossen worden. Der Arbeitgeber überträgt diesen Versicherungsvertrag auf den Arbeitnehmer und verpflichtet sich, die dazu gegenüber der _____ Versicherungsgesellschaft notwendigen Erklärungen auf seine Kosten abzugeben. Der Arbeitgeber räumt dem Arbeitnehmer das Recht ein, die Direktversicherung fortzuführen.

§ 9 – Diensterfindungen

Der Arbeitnehmer erhält für die am ____ gemeldete Diensterfindung [1.1] eine Vergütung [1.2] in Höhe von _____ €. Weitere Ansprüche aufgrund des ArbnErfG bestehen nicht [1.3].

§ 10 – Zeugnis

Der Arbeitgeber erteilt dem Arbeitnehmer ein wohlwollendes [2], qualifiziertes Zeugnis [3], welches sich auch auf Führung und Leistung [5] erstreckt. Der Arbeitnehmer ist berechtigt, hierzu einen Entwurf [7.4] vorzulegen, von dem der Arbeitgeber nur aus wichtigem Grund [7] abweichen darf. Das Arbeitszeugnis in der Anlage ist Gegenstand des **Aufhebungsvertrags.** Auf Wunsch des Arbeitnehmers ist ein Zwischenzeugnis [4] zu erteilen, welches sich ebenfalls an einem vom Arbeitnehmer vorgelegten Entwurf zu orientieren hat. Das Endzeugnis hat sich am Zwischenzeugnis zu orientieren. Auf etwaige Anfragen anderer Arbeitgeber wird der Arbeitgeber nur entsprechend dem erteilten Zeugnis Auskunft [8] erteilen.

§ 11 – Arbeitspapiere

Die ausgefüllten Arbeitspapiere [1] – Urlaubsbescheinigung, Arbeitsbescheinigung [2.1], Sozialversicherungsausweis, Lohnsteuerkarte [3] – stellt der Arbeitgeber dem Arbeitnehmer bis zum _____ [4.1] zur Verfügung. Der Arbeitnehmer ist berechtigt und verpflichtet, die Arbeitspapier ab dann im Personalbüro abzuholen [4.4].

§ 12 – Dienstwagen

Der Arbeitnehmer darf den zur Verfügung gestellten Dienstwagen mit dem amtlichen Kenzeichen: _____ auch weiterhin bis zur Beendigung des Arbeitsverhältnisses zu privaten Zwecken [1.1, 1.4] nutzen. In Abweichung der bisher geltenden Vereinbarung wird der Arbeitnehmer künftig für den Verbrauch von Kraft- und Schmierstoffen selbst aufkommen. Er wird den Dienstwagen am _____ (oder bei Beendigung des Arbeitsverhältnisses [1.1]) in ordnungsgemäßem Zustand mit allen Fahrzeugpapieren und sämtlichen Schlüsseln am Sitz des Arbeitgebers übergeben. [1.1]

oder

Die Parteien sind sich darüber einig, dass der Arbeitnehmer den Wagen (*ggf.* unentgeltlich [1.3]) ab dem _____ übernehmen soll [1.3]. Hierbei gilt ein Kaufpreis in Höhe von _____ € (der Buchwert) als vereinbart. Gegenstand dieser Vereinbarung ist der gesondert abgeschlossene Kaufvertrag vom _____ .

§ 13 – Dienstwohnung

Der Arbeitnehmer darf die zur Verfügung gestellte Dienstwohnung auch weiterhin bis zur Beendigung des Arbeitsverhältnisses zu privaten Zwecken nutzen. Der Arbeitgeber überlässt dem Arbeitnehmer die bisher als Werkwohnung benutzten Räume _____ weiterhin unter folgenden Bedingungen _____ .

§ 14 – Unternehmenseigentum

Die Parteien dieser Vereinbarung werden spätestens am _____ (*oder* bei Beendigung des Arbeitsverhältnisses) im wechselseitigen Eigentum stehende Unterlagen und Gegenstände an die jeweilige andere Vertragspartei herausgeben [2]. Der Arbeitnehmer verpflichtet sich, spätestens bis zu diesem Zeitpunkt auf ihm gehörenden Datenträgern gespeicherte Daten und Programme auf die EDV-Anlage des Arbeitgebers zu übertragen und anschließend die Daten bei sich zu löschen. Dadurch ausgelöste Kosten trägt der Arbeitgeber.

oder

Der Arbeitnehmer wird spätestens bis zu seinem Ausscheiden alle in seinem Besitz befindlichen Geschäfts- und Arbeitsunterlagen sowie Arbeitsmittel [1] zurückgeben [2], insbesondere: _____ .

§ 15 – Arbeitgeberdarlehen

Der Arbeitnehmer hat vom Arbeitgeber am _____ ein Darlehen von _____ € erhalten. [1] Der Arbeitnehmer hat bis heute _____ € zurückgezahlt. Der Restbetrag in Höhe von _____ € hat der Arbeitnehmer in ____ gleichen Raten zu je _____ € beginnend mit dem _____ an den Arbeitgeber zurück zu zahlen. Der Arbeitnehmer ist damit einverstanden, dass ab der Beendigung des Arbeitsverhältnisses die marktüblichen Darlehenszinsen gelten. Kommt der Arbeitnehmer mit zwei aufeinander folgenden Raten mit mehr als 14 Tagen trotz nochmaliger Aufforderung des Arbeitgebers in Verzug, wird der gesamte Restbetrag einschließlich der bis zu diesem Zeitpunkt anfallenden Zinsen auf einmal [3] fällig.

oder

Der Restbetrag in Höhe von _____ € hat der Arbeitnehmer in einem Gesamtbetrag am _____ (*oder* mit Ende des Arbeitsverhältnisses [2]) an den Arbeitgeber zurück zu zahlen.

§ 16 – Aus- und Fortbildungskosten

Der Arbeitnehmer verpflichtet sich, die Kosten für den Lehrgang 1 _____ anteilig in Höhe von _____ € (entspricht x/36 2 der gesamten Lehrgangskosten) zurückzuzahlen.

§ 17 – Wettbewerbsverbot

Mit Vereinbarung vom _____ wurde ein nachvertragliches Wettbewerbsverbot [1] vereinbart. Dieses wird hiermit einvernehmlich aufgehoben mit der Folge, dass nach Beendigung des Arbeitsverhältnisses weder eine Verpflichtung zur Wettbewerbsenthaltsamkeit noch ein Anspruch auf Karenzentschädigung [2.3] besteht.

oder

Das vertraglich vereinbarte nachvertragliche Wettbewerbsverbot [1] wird durch diesen Aufhebungsvertrag nicht berührt.

oder

Der Arbeitnehmer verpflichtet sich, für die Dauer von _____ Monaten (*oder* Jahren [2.4]) nach Beendigung des Arbeitsverhältnisses nicht für ein Konkurrenzunternehmen (*oder* nicht in seinem bisherigen Tätigkeitsbereich [2.1]) tätig zu werden. Untersagt ist jede Betätigung, selbständig oder unselbständig, wie auch die unmittelbare oder mittelbare Beteiligung an der Gründung oder den Betrieb eines Wettbewerbers. [2.1] Örtlich erstreckt sich das Verbot auf das Land NRW (*oder* das Bundesgebiet) [2.1]. Der Arbeitgeber verpflichtet sich, für die Dauer des Wettbewerbverbots 50 % der zuletzt bezogenen vertragsgemäßen Leistungen als Entschädigung zu leisten [2.3]. Die Entschädigung unterliegt der Fälligkeit [2.3] des ursprünglich vereinbarten Arbeitsentgelts.

§ 18 – Verschwiegenheitspflicht

Der Arbeitnehmer verpflichtet sich, über alle [3] ihm während seiner Tätigkeit für den Arbeitgeber bekannt gewordenen internen Angelegenheiten, insbesondere über Geschäfts- und Betriebsgeheimnisse [3] auch nach [1] seinem Ausscheiden Stillschweigen zu wahren.

§ 19 – Rechtsberatungskosten

Der Arbeitgeber verpflichtet sich, Rechtsanwalts- und Beratungskosten, die dem Arbeitnehmer im Zusammenhang mit dieser Vereinbarung entstanden sind, bis zu einem Höchstbetrag von _____ € zu übernehmen. Hierzu wird der Arbeitnehmer eine entsprechende Beratungsrechnung vorlegen.

§ 20 – Klageregelung

Der Arbeitnehmer verpflichtet sich, die beim Arbeitsgericht _____ anhängige(n) Klage(n) mit dem/den Aktenzeichen _____ unverzüglich nach Unterzeichnung dieses Vertrages zurückzunehmen.

§ 21 – Hinweispflichten

(1) Die minderjährige, schwangere [2.2] Arbeitnehmerin wurde auf Verlust des Kündigungsschutzes durch das besondere Kündigungsverbot im Sinne von § 9 MuSchG hingewiesen.
(2) Der Arbeitgeber weist daraufhin, dass infolge der vorzeitigen Beendigung des Arbeitsverhältnisses vor Eintritt eines Versorgungsfalles [2.3] bei der Zusatzversorgung sehr hohe Einbußen drohen. [2.3] Der Arbeitnehmer hatte Gelegenheit, sich bei der Zusatzversorgungskasse hierüber vorab zu informieren.
(3) Der Arbeitnehmer wurde darauf hingewiesen, dass über den Anspruch auf Arbeitslosengeld [3] durch die zuständige Agentur für Arbeit entschieden wird. Die Agentur für Arbeit entscheidet über die Verhängung einer Sperrzeit [3] ebenso wie über die Anrechnung der geleisteten Abfindung [3]. Der Arbeitnehmer hatte Gelegenheit, sich bei der Bundesagentur für Arbeit hierüber vorab zu informieren.

§ 22 – Meldepflicht

Der Arbeitgeber weist in Erfüllung seiner Verpflichtung gemäß § 2 Abs. 2 Nr. 3 SGB III [1] darauf hin, dass der Arbeitnehmer zur Aufrechterhaltung ungekürzter Ansprüche auf Arbeitslosengeld gemäß §§ 37 b, 140 SGB III verpflichtet [1] ist, sich unverzüglich [3] nach Abschluss dieses Aufhebungsvertrages persönlich [4] bei der zuständigen Agentur für Arbeit als arbeitsuchend zu melden. Bei einem Verstoß gegen die unverzügliche Meldepflicht kann die zuständige Agentur für Arbeit gemäß § 140 SGB III den Anspruch auf Arbeitslosengeld um bis zu maximal 1.500,- € [5] je nach Bemessungsentgelt und in Abhängigkeit der Dauer der Verspätung mindern [5,7]. Der Arbeitnehmer bestätigt durch die Unterzeichnung dieses Vertrages, dass er über seine Meldeobliegenheit nach § 37b SGB III in Kenntnis gesetzt wurde. [1]

§ 23 – Ausgleichsklausel

Mit Erfüllung [2, 4.2] dieser Vereinbarung sind sämtliche Ansprüche [2, 3.1, 3.2, 4.1, 4.2] aus dem Arbeitsverhältnis und seiner Beendigung, gleich auf welchem Rechtsgrund [2] ruhend, gleich ob bekannt oder unbekannt, ausgeglichen.

§ 24 – Regressansprüche

Von der Ausgleichsklausel sind insbesondere auch mögliche Regressansprüche des Arbeitgebers gegenüber dem Arbeitnehmer aus dem Vorfall vom _____ , bei dem der Arbeitnehmer das Firmeneigentum in Form _____ beschädigt hat, erfasst.

§ 25 – Zurückbehaltungsrecht

Beiden Parteien steht kein Zurückbehaltungsrecht hinsichtlich der sich aus diesem Aufhebungsvertrag ergebenden Verpflichtungen zu.

§ 26 – Aufrechnungsverbot

Den Parteien steht keine Möglichkeit der Aufrechnung mit den sich aus diesem Aufhebungsvertrag ergebenden finanziellen Verpflichtungen zu.

§ 27 – Salvatorische Klausel

Sollte eine Bestimmung dieses Vertrages unwirksam sein, wird die Wirksamkeit der übrigen Bestimmungen davon nicht berührt. Der Arbeitnehmer und der Arbeitgeber verpflichten sich, anstelle der unwirksamen Klausel eine Regelung zu treffen, die den gesetzlichen Bestimmungen entspricht beziehungsweise rechtlich zulässig ist.

_____
Ort, Datum – Unterschrift Arbeitnehmer

_____
Ort, Datum – Unterschrift Arbeitgeber

II Aufhebungsvertrag – Kommentierung

Im Folgenden werden die oben vorgestellten möglichen Klauseln in kommentierter Fassung vorgestellt. Die Kommentierung folgt nachstehendem Aufbau, sofern die einzelnen Regelungen mit dem jeweiligen Rechtsgebiet Berührungspunkte aufweisen:

- arbeitsrechtliche Aspekte,
- sozialrechtliche Aspekte,
- steuerrechtliche Aspekte,
- sonstige Aspekte.

Ein regelungsspezifisches Stichwortverzeichnis erleichtert das Auffinden von Schlüsselproblemen in der Kommentierung; die Zahlen verweisen auf die Anmerkungen. Das allgemeine Stichwortverzeichnis hingegen richtet sich nach den Seitenzahlen dieser Veröffentlichung. In den vorgestellten Regelungen finden sich bedarfsweise Fußnoten mit einem Verweis auf die Anmerkung in der Kommentierung, die den jeweiligen Formulierungsvorschlag begründet beziehungsweise den Hintergrund schildert.

Einleitung

allgemeine Geschäftsbedingungen;	3.9
Anfechtung;	3.5
Anfechtungsfrist;	3.5.4
Arbeitnehmerschutz;	2
Bedingung;	3.2
Betriebsveräußerung;	3.10
Drohung;	3.5.2
faktisches Arbeitsverhältnis;	3.1
Haustürgeschäft;	3.7
Irrtum;	3.5.1
Kündigungserklärungen, übereinstimmend;	1
Minderjährige;	3.4

Motivirrtum;	3.5.1
Personalabbauplanung;	1
Rechtsfolgeirrtum;	3.5.1
Rechtsnatur;	1
Rückdatierung, und Abfindung;	3.1
Schriftform;	3.3.1, 3.3.2
Schwangere, minderjährig;	3.4
Sittenwidrigkeit;	3.8
Täuschung;	3.5.3
Umgehungsverbot;	3.10
Widerrufsrecht;	3.6, 3.7

1   Die **Rechtsnatur** des Aufhebungsvertrags ist ein Vertrag, durch den ein Schuldverhältnis – hier der Arbeitsvertrag – aufgrund einer Vereinbarung der Parteien aufgehoben wird. Mit Hilfe eines Aufhebungsvertrages erfolgt die Beendigung eines Arbeitsverhältnisses im gegenseitigen Einverständnis der Parteien. Der Aufhebungsvertrag ist damit neben der Kündigung ein wichtiges Instrument der **Personalabbauplanung**; mit ihm werden 80 Prozent der zur Disposition stehenden Arbeitsverträge beendet. Sofern zwei **übereinstimmende Kündigungen** sowohl von Arbeitgeber als auch von Arbeitnehmer erklärt werden, führt dies zwar nicht automatisch zum Aufhebungsvertrag, die jeweilige Kündigungserklärung kann jedoch – je nach Einzelfall – in das Angebot zum Abschluss eines Aufhebungsvertrags umgedeutet werden.

2   Der Aufhebungsvertrag folgt dem Grundsatz der Vertragsautonomie, er ist nicht – wie prinzipiell der befristete Arbeitsvertrag – an einen sachlichen Grund gebunden; mit seiner Hilfe kann ein Arbeitsverhältnis ohne Rücksicht auf Kündigungsbestimmungen und ohne Einhaltung von Kündigungsfristen gelöst werden. Durch den Abschluss eines Aufhebungsvertrags vermeidet der Arbeitgeber daher die Beachtung wesentlicher arbeitnehmerschutzrechtlicher Vorschriften. Namentlich folgende Rechtsvorschriften mit dem Ziel **Arbeitnehmerschutz** greifen nicht mehr:

- Kündigungsschutz aus dem Kündigungsschutzgesetz – §§ 1, 2 KSchG,
- zivilrechtliche Kündigungsschutzvorschriften – §§ 612a, 622, 626 BGB,
- Sonderkündigungsschutzes für werdende Mütter – § 9 MuSchG,
- Zustimmung des Integrationsamts bei schwerbehinderten Arbeitnehmern – §§ 85 ff SGB IX,
- betriebliches Mitbestimmungsrecht bei Kündigungen – § 102 BetrVG,
- Schutz betriebsverfassungsrechtlicher Mandatsträger – § 15 KSchG.

3   Der Abschluss eines Aufhebungsvertrags unterliegt einigen zivilrechtlichen Besonderheiten.

3.1   Die Rechtsprechung hat im Recht der Anfechtung eine rückwirkende Nichtigkeit des Arbeitsvertrags ausgeschlossen und das Konstrukt des **faktischen Arbeitsverhältnisses** geschaffen; danach wird der rechtliche Bestand des Arbeitsverhältnisses angenommen, wenn das Arbeitsverhältnis faktisch durch den Austausch der Hauptleistungspflichten – namentlich die Arbeitspflicht – in Vollzug gesetzt war. Eine **Rückdatierung** des Aufhebungsvertrags mit der Folge der rückwirkenden Beendigung des Arbeitsverhältnisse kommt daher grundsätzlich nur in Betracht, wenn das **Arbeitsverhältnis** noch nicht in Vollzug gesetzt wurde oder bereits außer Vollzug gesetzt ist. Wird der Aufhebungsvertrag ausschließlich rückdatiert, um einen anderenfalls drohende Anrechnung einer **Abfindung** im Sinne von § 142a SGB III zu vermeiden, führt dies zur Nichtigkeit des Aufhebungsvertrags nach § 138 BGB.

3.2   Der Aufhebungsvertrag kann auch unter einer **Bedingung** abgeschlossen werden; so kann der bedingte Aufhebungsvertrag bereits im Arbeitsvertrag verankert sein. Die Parteien können beispielsweise die Beendigung des Arbeitsverhältnisses vereinbaren, wenn der **Arbeitnehmer** nicht seine gesundheitliche Eignung durch ärztliches Attest nachweist. Allerdings darf mit der **Bedingung** im Aufhebungsvertrag keine zwingende arbeitsrechtliche Vorschrift umgangen werden. Das ist beispielsweise der Fall, wenn mit der Bedingung der Kündigungsschutz des Arbeitnehmers umgangen werden soll. Eine Vereinbarung, dass das Arbeitsverhältnis endet, wenn der Arbeitnehmer seine Arbeit nicht ordnungsgemäß verrichtet, ist daher unzulässig.

3.3.1 Die Beendigung eines Arbeitsverhältnisses durch **Aufhebungsvertrag** – wie auch durch Kündigung – bedarf zu ihrer Wirksamkeit der **Schriftform** – §§ 623, 126 BGB. Das Schriftformerfordernis erstreckt sich auf alle Abreden des Vertrags. Sofern eine formwidrige Nebenabrede wesentliche Bedeutung hat, ist der Aufhebungsvertrag in seiner Gesamtheit nichtig. Schriftform bedeutet, dass der Aufhebungsvertrag von beiden Seiten unterzeichnet werden muss. Der Austausch der jeweiligen unterschriebenen Erklärung reicht nicht aus, ebenso erfüllt die Rückübersendung des unterschriebenen Vertrags per Fax nicht die Schriftform. Das Fax trägt nicht die Originalunterschrift der Partei, so wie es § 126 BGB verlangt. Die Schriftform kann ebenso nicht durch die elektronische Form ersetzt werden – dies ordnen §§ 126 III, 623 S. 2 BGB ausdrücklich an. Die Formvorschrift ist zwingend und daher nicht abbedingbar. Nur ausnahmsweise ist es rechtsmissbräuchlich (§ 242 BGB), wenn sich eine Partei auf die Formunwirksamkeit des Aufhebungsvertrags beruft. Dies ist der Fall, wenn:

- die Unwirksamkeit des Aufhebungsvertrags für die eine Partei untragbar ist (Existenzgefährdung, Arglist und schwere Treuepflichtverletzung der anderen Partei) und
- nur die andere Partei die Formunwirksamkeit kannte.

Praxishinweis: Bei der Beendigung des sozialrechtlichen Beschäftigungsverhältnisses – bspw. im Zusammenhang mit der Verhängung einer Sperrzeit – reicht hingegen die mündliche Vereinbarung, da das Beschäftigungsverhältnis im Wesentlichen durch die faktische Ausübung der Tätigkeit bestimmt ist; das Beschäftigungsverhältnis kann durch übereinstimmende Willenserklärung der Parteien, auch ohne Einhaltung der Schriftform beendet werden.

3.3.2 Der **Abwicklungsvertrag** unterliegt nicht dem Erfordernis der **Schriftform** der §§ 623, 126 BGB; er regelt nicht den Bestand des Arbeitsverhältnisses und ist deshalb von der Beweisschutzfunktion des § 623 BGB nicht erfasst.

3.4 Auch ein **Minderjähriger** kann einen **Aufhebungsvertrag** abschließen. Grundsätzlich erfasst die Erlaubnis des gesetzlichen **Vertreters**, ein **Arbeitsverhältnis** einzugehen, auch die **Ermächtigung**, das **Arbeitsverhältnis** durch **Aufhebungsvertrag** zu beenden. § 113 BGB räumt dem gesetzlichen Vertreter die Möglichkeit ein, dem Minderjährigen eine partielle Geschäftsfähigkeit im Hinblick auf ein Arbeitsverhältnis einzuräumen. Der Einwilligung des gesetzlichen Vertreters bedarf es also in der Regel nicht. Eine **minderjährige Schwangere** kann jedoch nicht durch Abschluss eines Aufhebungsvertrags wirksam auf die Vorteile des Mutterschutzes verzichten, wenn ihr diese vorher nicht bekannt waren (s. unter § 21 – Hinweispflichten, Anm. 2.2). Der Abschluss eines Aufhebungsvertrages mit einer minderjährigen schwangeren Arbeitnehmerin ist in diesem Falle insgesamt unwirksam. Die Ermächtigung des gesetzlichen Vertreters nach § 113 BGB reicht nicht soweit, als dass die Minderjährige auf den Mutterschutz ohne dessen Kenntnis wirksam verzichten kann (LAG Bremen, Urteil vom 15. Oktober 1971, Az: 1 Sa 90/71, in: DB 1971, 2318).

3.5 Wie jedes Rechtsgeschäft kann der Arbeitnehmer seine Willenserklärung zum Abschluss des Aufhebungsvertrag anfechten. Die **Anfechtung** setzt folgendes voraus:

- Anfechtungsgrund und
- fristgemäße Anfechtungserklärung.

3.5.1 Die allgemeine Anfechtung wegen **Irrtums** im Sinne von § 119 Abs. 1 BGB kommt zwar theoretisch in Betracht, stellt aber nicht den Regelfall dar. Regelmäßig wird ein **Arbeitnehmer** über die Lösung des Aufhebungsvertrags nur in Anbetracht drohender sozialrechtlicher Folgen bzw. wegen Verlust des Arbeitnehmerschutzes nachdenken. § 119 BGB verwehrt dem Arbeitnehmer hier allerdings ein Anfechtungsrecht, weil und soweit er sich über das Bestehen eines **Kündigungsschutzes** oder sozialrechtliche Konsequenzen, wie Sperrzeiten geirrt hat. Ein so genannter **Rechtsfolgeirrtum** oder **Motivirrtum** berechtigt grundsätzlich nicht zur **Anfechtung** nach § 119 BGB. Irrt beispielsweise eine schwangere Arbeitnehmerin über die mutterschutzrechtlichen Folgen eines Aufhebungsvertrages, so berechtigt dieser Rechtsfolgenirrtum grundsätzlich nicht zu einer Anfechtung gemäß § 119 BGB (BAG, Urteil vom 16. Februar 1983, Az.: 7 AZR 134/81, in: DB 1983, 1663-1664 = BB 1983, 1921-1922 = NJW 1983, 2958-2959).

3.5.2 Faktische Bedeutung erlangt in Einzelfällen das Anfechtungsrecht wegen widerrechtlicher **Drohung** gemäß § 123 Abs. 1 BGB durch den Arbeitgeber; namentlich dann, wenn der Arbeitnehmer in einem Personalgespräch mit strafrechtlich relevantem Verhalten konfrontiert und dadurch zum Abschluss eines Aufhebungsvertrags veranlasst wurde (vgl. auch unter III Praktische Tipps, 1. Gesprächssituation und Interessenlage). Dabei stellt aber die Androhung einer Strafanzeige und der verhaltensbedingten Kündigung keine widerrechtliche Drohung dar, wenn der Tatvorwurf gegen den Arbeitnehmer ein konkretes strafrechtliches Verhalten zum Gegenstand hat. Eine widerrechtliche Drohung kommt regelmäßig nur dann in Betracht, wenn ein vernünftiger Arbeitgeber eine entsprechende Kündigung nicht ausgesprochen hätte (BAG, Urteil vom 16. Januar 1992, Az.: 2 AZR 412/91, in: NZA 1992, 1023-1025). Es ist nicht erforderlich, dass die in Aussicht gestellte Kündigung nach der objektiven Rechtslage wirksam gewesen wäre (BAG, Urteil vom 30. Januar 1986, Az.: 2 AZR 196/85, in: NZA 1988, 91-93). Der Arbeitnehmer ist regelmäßig in der Position, ein Ansinnen des Arbeitgebers auf Abschluss eines Aufhebungsvertrags **schlicht abzulehnen**. Die beim Abschluss des Arbeitsvertrags typische Situation der strukturell ungleichen Verhandlungsstärke ist – auch aufgrund der arbeitnehmerfreundlichen Kündigungsschutzvorschriften – regelmäßig beim Abschluss eines Aufhebungsvertrags nicht gegeben. Auch ist ein Aufhebungsvertrag nicht schon deshalb ungültig, weil der Arbeitgeber dem Arbeitnehmer weder eine Bedenkzeit noch ein Rücktritts- oder Widerrufsrecht eingeräumt hat (BAG, Urteil vom 30. September 1993, Az.: 2 AZR 268/93, in: NZA 1994, 209-212 = NJW 1994, 1021-1023 = DB 1994, 279-280 = BB 1994, 785-787; bestätigt durch BAG, Urteil vom 14. Februar 1996, Az.: 2 AZR 234/95). Der Grundsatz der Privatautonomie lässt in vielen Fällen daher ein Anfechtungsrecht scheitern.

3.5.3 Die Anfechtung des Aufhebungsvertrag durch den Arbeitnehmer wegen **arglistiger Täuschung** kommt dann in Betracht, wenn sich der Arbeitnehmer wegen eines bestimmten vorsätzlichen Verhaltens des Arbeitgebers geirrt hat, weil ihm

- vom Arbeitgeber falsche Tatsachen im Zusammenhang mit dem Aufhebungsvertrag vorgespiegelt wurden oder
- ihm wahre Tatsachen vom Arbeitgeber verschwiegen worden sind, obwohl der Arbeitgeber verpflichtet gewesen wäre, den Arbeitnehmer über die betreffenden Tatsachen zu informieren.

So kann der Arbeitnehmer beispielsweise den Aufhebungsvertrag anfechten, wenn ihm der Arbeitgeber erklärt hat, dass

- der Kündigungsschutz auch bei Auflösung des Arbeitsverhältnisses durch Aufhebungsvertrag gelte oder
- der Arbeitnehmer trotz Aufhebungsvertrags nicht mit einer Sperrzeit beim Arbeitslosengeld rechnen müsse (i.E. ablehnend vgl. BAG, Urteil vom 22. April 2004, Az: 2 AZR 281/03; in: NZA 2004, 1295 red. Leitsatz 1-6).

3.5.4 Die **Anfechtungsfrist** wegen arglistiger Täuschung oder widerrechtlicher Drohung beträgt ein Jahr ab Kenntnis von der Täuschung bzw. ab Ende der Zwangslage – § 123 BGB. Die Anfechtung wegen Irrtums ist unverzüglich im Sinne von § 121 BGB zu erklären.

3.6 Ein allgemeines **Widerrufsrecht** gibt es nicht. Nur wenn im **Tarifvertrag** bzw. durch Bezugnahme auf den Tarifvertrag im Arbeitsvertrag ein Rücktritts- oder Widerrufsrecht eingeräumt ist, ist ein Widerruf zulässig. Andernfalls muss ein Widerrufsrecht zwischen den Parteien vereinbart worden sein.

3.7 Ein **gesetzliches Widerrufsrecht** im Sinne der §§ 312, 355 BGB existiert ebenfalls nicht. Eine am Arbeitsplatz geschlossene arbeitsrechtliche Beendigungsvereinbarung ist kein **Haustürgeschäft** im Sinne von § 312 Abs. 1 S. 1 Nr. 1 BGB. Der Arbeitnehmer ist deshalb nicht zum Widerruf seiner Erklärung nach §§ 312, 355 BGB berechtigt (BAG, Urteil vom 27. November 2003, Az.: 2 AZR 135/03, in: DB 2004, 1208-1212 = NZA 2004, 597-604 = NJW 2004, 2401-2407 = BB 2004, 1852-1858).

3.8   Der Aufhebungsvertrag kann wegen **Sittenwidrigkeit** gemäß § 138 BGB nichtig sein, wenn der Arbeitgeber die Zwangslage oder Unerfahrenheit des Arbeitnehmers ausnutzt.

3.9   Die Verbraucherschutzvorschriften über die **allgemeinen Geschäftsbedingungen** im Sinne der §§ 305 ff BGB (früher geregelt im Gesetz über die Allgemeinen Geschäftsbedingungen = AGBG) finden beim Aufhebungsvertrag regelmäßig keine Anwendung, weil der Aufhebungsvertrag eine individuelle Vereinbarung zwischen den Parteien darstellt und nicht im Sinne von § 305 Abs. 1 BGB vorformulierte Vertragsbindungen für eine Vielzahl von Verträgen darstellt. Sofern dies doch der Fall ist, unterliegt die Formularklausel zwar grundsätzlich der allgemeinen Inhaltskontrolle gemäß § 307 BGB sowie der Kontrolle anhand der Klauselverbote im Sinne der §§ 308, 309 BGB. Es sind jedoch die Besonderheiten des Arbeitsrechts gemäß § 310 Abs. 4 S. 2 BGB zu berücksichtigen, was wiederum eine Frage des Einzelfalls ist.

3.10   Der Aufhebungsvertrag kann unwirksam sein, wenn mit dessen Abschluss § 613a Abs. 4 BGB umgangen werden soll; **Umgehungsverbot** nach § 134 BGB. Nach § 613a BGB tritt im Falle der **Betriebsveräußerung** der Erwerber automatisch in die bestehenden Arbeitsverhältnisse ein. Nach § 613a Abs. 4 BGB ist eine Kündigung durch den bisherigen Arbeitgeber oder durch den neuen Inhaber wegen des Übergangs eines Betriebs oder eines Betriebsteils unwirksam. Das Recht zur Kündigung des Arbeitsverhältnisses aus anderen Gründen bleibt davon unberührt.

Normen
§§ 113, 119, 121, 123, 126, 134, 138, 242, 305, 307-310, 312, 355, 612a, 613a, 623, 626 BGB.

§ 1 – Aufhebungsklausel – Abwicklungsklausel

Die Parteien dieser Vereinbarung sind sich darüber einig, dass das zwischen ihnen bestehende Arbeitsverhältnis auf Veranlassung [3.2, 4] des Arbeitgebers zur Vermeidung einer sonst auszusprechenden ordentlichen betriebsbedingten [3.7.1] (oder personenbedingten [3.7.2]) Kündigung mit Ablauf [2.1, 3.8.2] des _____ beendet wird.

oder im Falle des Abwicklungsvertrags [1.1, 1.3, 1.4]

Der Arbeitnehmer wird auf Grund des Arbeitsvertrages vom _____ seit dem _____ bei dem Arbeitgeber als _____ beschäftigt. Das Arbeitsverhältnis wurde vom Arbeitgeber ordentlich unter Einhaltung der Kündigungsfrist betriebsbedingt zum _____ gekündigt. Dies vorausgeschickt schließen die Parteien folgende Abwicklungsvereinbarung.

        oder

Die Parteien sind sich darüber einig [1.3], dass das bestehende Arbeitsverhältnis auf Grund ordentlicher betriebsbedingter Kündigung des Arbeitgebers vom _____ unter Einhaltung der vertraglichen Kündigungsfrist zum _____ beendet wird. Der Arbeitnehmer verzichtet [1.3] auf das Recht zur Erhebung einer Kündigungsschutzklage. Dies vorausgeschickt schließen die Parteien folgende Abwicklungsvereinbarung.

Stichwortverzeichnis

Abfindungsanspruch (§ 1a KSchG);	3.3
Abwicklungsvertrag;	1.1
Abwicklungsvertrag, echter;	1.4
Aufhebungsvertrag, verdeckter;	1.3
Anschlussbeschäftigung;	3.5
besondere Härte;	3.8.3
betriebsbedingte Kündigung;	3.7.1
BSG – Rechtsprechung;	1.4
Erstattungspflicht, Arbeitgeber;	3.10.1
Erstattungspflicht, Befreiung;	3.10.2

Kausalität;	3.5
krankheitsbedingte Kündigungsgründe;	3.7.2
Kündigungsfrist, überschreiten;	2.1
Kündigungsfrist, unterschreiten;	3.8.2
Kündigungsrecht nach Aufhebungsvertrag;	2.2
Lösung des Beschäftigungsverhältnis;	3.1
Minderung;	3.9
Schriftform;	3.4
Schweigen, auf Kündigung;	3.3
Sperrzeit;	3.1
Sperrzeit wegen Arbeitsaufgabe;	3.1
Sperrzeitdauer;	3.8
Sperrzeitregeldauer;	3.8
Sperrzeitverkürzung;	3.8.1
Unzumutbarkeit, Fortsetzung Arbeitsverhältnis;	3.7.3
Veranlassung Aufhebungsvertrag;	3.2, 4
Verschulden;	3.6
wichtiger Grund;	3.7

Kommentierung

1 Überblick

1.1 Vom Aufhebungsvertrag ist der in der Praxis entwickelte Typ des **Abwicklungsvertrags** zu unterscheiden. Der entscheidende Unterschied zwischen beiden Vertragstypen liegt in ihrer Auswirkung auf das Arbeitsverhältnis. Während der Aufhebungsvertrag die Beendigung des Arbeitsverhältnisses unmittelbar selbst regelt, geht dem Abwicklungsvertrag der Beendigungsumstand – regelmäßig die Kündigung – voraus, ist aber selbst nicht Regelungsgegenstand des Vertrags. Im übrigen lässt sich mit dem Abwicklungsvertrag alles regeln, was auch Gegenstand des Aufhebungsvertrags ist.

1.2 **Sinn** des Abwicklungsvertrags war es ursprünglich, das sozialrechtliche Risiko eines Sperrzeitbescheides zulasten des Arbeitnehmers zu vermeiden; weil der Arbeitnehmer an der Lösung des Beschäftigungsverhältnisses im Sinne von § 144 Abs. 1 S. 1 Nr. 1 SGB III nicht aktiv mitgewirkt hat.

1.3   Sofern der Arbeitnehmer auch durch den Abschluss eines Abwicklungsvertrages ausdrücklich oder konkludent auf die Geltendmachung seines Kündigungsrechts verzichtet, leistet er ebenfalls einen wesentlichen Beitrag zur Herbeiführung seiner Beschäftigungslosigkeit. Verzichtet der Arbeitnehmer ausdrücklich auf sein Kündigungsrecht, ergibt sich das zwanglos. Verzichtet er nach Absprache mit dem Arbeitgeber nur mündlich, liegt bereits in der mündliche Absprache der Aufhebungsvertrag des Beschäftigungsverhältnisses (zur Notwendigkeit der Schriftform beim Beschäftigungsverhältnis vgl. Einleitung Anm. 3.3.1 – Praxishinweis). In diesem Falle stellt der Abwicklungsvertrag einen **verdeckten Aufhebungsvertrag** dar, dem die Kündigung lediglich pro forma vorangegangen ist.

1.4   Sofern die Kündigung ohne jegliche Absprache vorausgegangen ist, und die Parteien dann einen Abwicklungsvertrag abschließen, hat das **BSG** Kriterien entwickelt, wann der Abwicklungsvertrag ebenfalls das Tatbestandsmerkmal der Lösung des Beschäftigungsverhältnisses im Sinne von § 144 Abs. 1 S. 1 Nr. 1 SGB III erfüllt:

> Der Arbeitnehmer löst das Beschäftigungsverhältnis, wenn er nach Ausspruch einer Kündigung des Arbeitgebers mit diesem innerhalb der Frist für die Erhebung der Kündigungsschutzklage eine Vereinbarung über die Hinnahme der Kündigung (Abwicklungsvertrag) trifft (BSG 11. Senat, Urteil vom 18. Dezember 2003, Az.: B 11 AL 35/03 R, 1. in: DB 2004, 1514-1516 = NZA 2004, 661-664 = NZS 2004, 608-612).

Hierbei spielt es keine Rolle, ob der Abwicklungsvertrag erst nach Ablauf der Kündigungsfrist schriftlich fixiert wurde. Es kommt allein auf die Vereinbarung der Modalitäten vor Ablauf der Frist für die Kündigungsschutzklage an. Damit trägt das BSG dem Umstand Rechnung, dass die Verhandlungsposition durch den Verlust der arbeitsgerichtlichen Rechtsschutzmöglichkeit auf Seiten des Arbeitnehmers geschwächt ist. Wartet der Arbeitnehmer die Drei-Wochen-Frist für die Kündigungsschutzklage im Sinne von § 4 KSchG ab, ist sichergestellt, dass er bei der Beendigung des Beschäftigungsverhältnisses nicht aktiv mitgewirkt hat, weil der sichere Arbeitsplatzverlust nicht mehr als Verhandlungsmasse durch den Arbeitnehmer in die Verhandlung über die Abwicklungsmodalitäten – insbesondere über die Abfindung – eingebracht werden kann. Nur ein Abwicklungsvertrag nach Ende der Frist für die Kündigungsschutzklage stellt daher einen **echten Abwicklungsvertrag** dar, mit dem man den Erlass einer Sperrzeit sicher vermeiden kann.

> **Praxishinweis:** Beim **echten Abwicklungsvertrag** gibt der Arbeitnehmer das zentrale Druckmittel der Kündigungsschutzklage aus der Hand, um so möglichst viel bei den Verhandlungen über den Aufhebungsvertrag zu erreichen.

> **Praxishinweis:** Der **unechte Abwicklungsvertrag** (= verdeckter Aufhebungsvertrag; vgl. Anm. 1.3) verhindert das sozialrechtliche Risiko einer Sperrzeit nicht. Außerdem bietet er dem Arbeitgeber nicht die verbindliche Sicherheit, die er beim Aufhebungsvertrag hat, da nur der Aufhebungsvertrag die Einlegung einer Kündigungsschutzklage sicher abwendet. Falls der Arbeitnehmer im Abwicklungsvertrag auf sein Recht zu Erhebung einer Kündigungsschutzklage verzichtet hat, erkauft sich der Arbeitgeber diese Sicherheit regelmäßig durch entsprechend günstige Regelungen für den Arbeitnehmer im Abwicklungsvertrag.

> **Praxishinweis:** Ein auch heute noch gangbarer Weg zur Vermeidung der Sperrfrist ist die Erhebung der Kündigungsschutzklage binnen der Drei-Wochen-Frist mit Abschluss eines **gerichtlich protokollierten** Vergleichs mit den Inhalten eines Abwicklungsvertrages.

2 Arbeitsrechtliche Aspekte

2.1 Die für das Arbeitsverhältnis gültige **Kündigungsfrist** ist auch beim Abschluss eines Aufhebungsvertrags von Bedeutung. **Überschreiten** (zum Unterschreiten der Kündigungsfrist vgl. unten Anm. 3.8.2) die Parteien bei Abschluss des Aufhebungsvertrags die Kündigungsfrist um ein Vielfaches, ist dies wie eine befristete Fortsetzung des Arbeitsverhältnisses zu werten und bedarf zu seiner Wirksamkeit eines **Sachgrundes** im Sinne von § 14 Abs. 1 TzBfG (BAG, Urteil vom 12. Januar

2000, Az.: 7 AZR 48/99, in: NJW 2000, 2042-2043 = DB 2000, 1183-1184 = BB 2000, 1197-1198 = NZA 2000, 718-720).

2.2 Das arbeitgeberseitige **Kündigungsrecht** nach Abschluss eines Aufhebungsvertrags ist regelmäßig nur beschränkt, soweit in der Kündigung sich auch der Grund für den Abschluss des Aufhebungsvertrag wieder findet. Sofern der Arbeitnehmer einen anderen verhaltensbedingten Anlass für eine Kündigung gibt, kann der Arbeitgeber das Arbeitsverhältnis auch noch innerhalb der Auslauffrist vorzeitig durch Kündigung beenden. Namentlich eine fristlose **Verdachtskündigung** kann auch dann ausgesprochen werden, wenn das Arbeitsverhältnis sowieso aufgrund eines zuvor abgeschlossenen Aufhebungsvertrags in naher Zukunft beendet werden sollte; dies gilt auch dann, wenn der Arbeitnehmer durch den Aufhebungsvertrag bereits von der Arbeit freigestellt wurde (BAG, Urteil vom 05. April 2001, Az.: 2 AZR 217/00).

3 Sozialrechtliche Aspekte

3.1 Zentrales Risiko eines Aufhebungsvertrags ist die mögliche Verhängung einer **Sperrzeit wegen Arbeitsaufgabe** gemäß § 144 Abs. 1 S. 1 Nr. 1 SGB III durch die zuständige Agentur für Arbeit. Erfasst ist neben der Eigenkündigung durch den Arbeitnehmer auch das **Lösen des Beschäftigungsverhältnisses**. Unter dem Begriff Lösen des Beschäftigungsverhältnisses versteht man das aktive Handeln des Arbeitnehmers. Von dem Begriff erfasst ist auch der Abschluss eines Aufhebungsvertrages (zum Begriff „Lösen" und zur Abgrenzung Aufhebungsvertrag und Abwicklungsvertrag; vgl. auch oben unter Anm. 1.1 – 1.4); hierbei kommt es nicht darauf an, ob die Initiative vom Arbeitgeber oder dem Arbeitnehmer ausgeht. Allein die Abgabe der entsprechenden Willenserklärung zum Abschluss des Aufhebungsvertrags durch den Arbeitnehmer begründet bereits sein aktives Handeln (ständige Rspr. seit BSG, Urteil vom 13. August 1986, Az.: 7 RAr 1/86; in: NZA 1987, 180-182).

3.2 Aus diesem Grunde dient die Klarstellung in der Aufhebungsklausel, dass der Aufhebungsvertrag auf **Veranlassung** des Arbeitgebers erfolgt ist, auch nicht dazu, das aktive Handeln des Arbeitnehmers auszuschalten (zum Begriff der Veranlassung vgl. auch BAG, Urteil vom 25. März 2003, Az.: 1 AZR 169/02). Vielmehr folgt dieser Zusatz der taktischen Überlegung, eine Klage gegen einen Sperrzeitbescheid unter Berufung auf den wichtigen Grund noch erfolgreich erheben zu können. Fehlt der klarstellende Hinweis, spricht die Vermutung dafür, dass die Initiative zum Abschluss des Aufhebungsvertrags vom Arbeitnehmer ausging. In diesem Falle ist die Darlegung der Gründe für eine beabsichtigte personen- oder betriebsbedingte arbeitgeberseitige Kündigung erheblich erschwert (vgl. zu den Entlastungsmöglichkeiten des Arbeitnehmers unter Anm. 3.7). Allerdings hat die Formulierung noch weitergehende Konsequenzen, namentlich hat die Veranlassung des Aufhebungsvertrags durch den Arbeitgeber Auswirkungen auf mögliche Hinweispflichten bei der Altersvorsorge (vgl.: unten § 21 – Hinweispflichten, Anm. 2.3) und auf die Steuerfreiheit (vgl. unten unter Anm. 4). Außerdem kann diese Formulierung Bedeutung erlangen bei einer Abfindung nach einem Sozialplan. Die Partner eines Sozialplans vereinbaren teilweise das Entstehen eines Anspruchs auf Abfindung aus dem Sozialplan nur, wenn der Arbeitgeber kündigt oder ein entsprechender Aufhebungsvertrag auf Veranlassung des Arbeitgebers aus betrieblichen Gründen geschlossen wird (vgl. § 3 – Abfindungsklausel, Anm. 1.1).

3.3   Aus der Rolle des Arbeitnehmers als aktiver Gestalter des Aufhebungsvertrags ergibt sich, dass das **Schweigen** auf eine Kündigung nicht zu einer Sperrzeit führt (BSG, Urteil vom 20. April 1977, Az.: 7 RAr 81/75). Der Gesetzgeber hat dieser Überlegung unterdessen mit § 1a KSchG – dem **Abfindungsanspruch** bei betriebsbedingter Kündigung – Rechnung getragen. Dieses gesetzliche Konstrukt einer Abfindung ist rechtstechnisch ebenfalls im vertraglichen Bereich angesiedelt. Der Arbeitgeber kündigt und bietet seinem Arbeitnehmer zugleich eine Abfindung an, die dem gesetzlichen Mindestumfang des § 1a Abs. 2 KSchG entspricht. Der Arbeitnehmer nimmt durch die Passivität, die Kündigung nicht mittels Kündigungsschutzklage anzugreifen, das Abfindungsangebot an. Diese Form der Lösung des Vertragsverhältnisses unterliegt nicht der Schriftform, hat aber den Nachteil, lediglich die Beendigung und die Abfindung geregelt zu haben. Nicht erfasst sind alle anderen wesentlichen Regelungsgegenstände bei einer Beendigung. Der Vorteil liegt darin, dass in diesem Fall keine **Sperrzeit** droht. Dies würde andernfalls die Intention der Vorschrift, die Arbeitsgerichte zu entlasten, zunichte machen. Allerdings hat der Arbeitnehmer auch dann mit einer Sperrzeit zu rechnen, wenn er die Modalitäten vorab mit dem Arbeitgeber abspricht, faktisch einen **verdeckten Aufhebungsvertrag** schließt und damit den Weg über § 1a KSchG nur pro forma geht.

3.4 Der Aufhebungsvertrag des Beschäftigungsverhältnisses unterliegt nicht der **Schriftform** und kann auch mündlich vereinbart werden (vgl. Einleitung: Anm. 3.3.1).

3.5 Der Abschluss des Aufhebungsvertrags muss kausal für die Arbeitslosigkeit sein. Die **Kausalität** scheidet dann aus, wenn der Arbeitnehmer durch die Kündigung seinen beruflichen Werdegang gestaltet und sich eine **Anschlussbeschäftigung** unmittelbar anschließt. Diese Anschlussbeschäftigung muss allerdings bereits vereinbart, der neue Arbeitsvertrag muss bereits abgeschlossen sein. Die bloße Aussicht spielt nur beim Verschulden eine Rolle (s.u. unter Anm. 3.6). Außerdem muss es sich bei der Anschlussbeschäftigung um eine Vollbeschäftigung handeln, die den Arbeitnehmer nicht zur Beantragung von Leistungen bei der zuständigen Agentur für Arbeit zwingt. Der Arbeitnehmer darf also auch kein Teilarbeitslosengeld im Sinne von § 150 SGB III beantragen. Außerdem muss es sich bei der Anschlussbeschäftigung um ein unbefristetes Arbeitsverhältnis handeln. Ergreift der Arbeitnehmer hingegen ein befristetes Arbeitsverhältnis, verhängen die Arbeitsagenturen auch Sperrzeitbescheide mit der Begründung, ein befristetes Arbeitsverhältnis sei kein Äquivalent für den verlorengegangenen unbefristeten Arbeitsplatz. Allerdings hat der Arbeitslose dann einen wichtigen Grund für die Lösung eines unbefristeten Beschäftigungsverhältnisses zu Gunsten der Aufnahme einer befristeten Beschäftigung, wenn im Zeitpunkt der Lösung objektiv eine konkrete Aussicht bestand, dass das neue Beschäftigungsverhältnis sich in ein dauerhaftes umwandelt (BSG, Urteil vom 26. Oktober 2004, Az.: B 7 AL 98/03 R, in: NJW 2005, 381-382 = NZA-RR 2005, 217-219). Kausalität liegt auch dann vor, wenn der Arbeitnehmer ein bereits vom Arbeitgeber **gekündigtes Beschäftigungsverhältnis** mit Wirkung zu einem früheren Zeitpunkt durch den Aufhebungsvertrag löst. Das gilt auch dann, wenn der Arbeitnehmer Arbeitslosengeld erst für die Zeit beansprucht, in der er ohnedies aufgrund der Kündigung arbeitslos gewesen wäre (BSG, Urteil vom 5. August 1999, Az.: B 7 AL 14/99 R, in: NZS 2000, 261-265).

3.6 Der Arbeitnehmer muss seine Arbeitslosigkeit vorsätzlich oder grob fahrlässig herbeigeführt haben. Im Rahmen des **Verschuldens** kann der Arbeitslose eine Sperrzeit dann vermeiden, wenn er die konkrete Aussicht einer Anschlussbeschäftigung hatte. Ausreichend sind die ernstzunehmenden Aussichten, einer festen Zusicherung bedarf es nicht. Der Arbeitnehmer ist gegenüber der Agentur für Arbeit hierfür darlegungs- und beweispflichtig durch Benennung das potentiellen zukünftigen Arbeitgebers.

3.7 Auch bei Abschluss eines Aufhebungsvertrags kann der Arbeitnehmer den Erlass eines Sperrzeitbescheids wirksam verhindern, wenn ihm gemäß § 144 Abs. 1 S. 1 SGB III ein **wichtiger Grund** zur Seite steht. Der Arbeitslose ist aber für die maßgebenden Tatsachen darlegungs- und beweispflichtig – § 144 Abs. 1 S. 4 SGB III. Der wichtige Grund kann in unterschiedlichen Fallkonstellationen vorliegen; insbesondere folgende sind bei Abschluss eines Aufhebungsvertrag für den Arbeitnehmer von Bedeutung:

- Arbeitgeber reklamiert einen betriebsbedingten Kündigungsgrund,
- Arbeitgeber reklamiert einen personenbedingten Kündigungsgrund,
- die Fortsetzung des Arbeitsverhältnisses ist für den Arbeitnehmer unzumutbar,
- sonstige Gründe.

3.7.1 Sofern mit dem Aufhebungsvertrag eine **betriebsbedingte Kündigung** vermieden werden soll, ist ein wichtiger Grund dann gegeben, wenn zwei Voraussetzungen kumulativ vorliegen:

- die betriebsbedingte Kündigung muss objektiv rechtmäßig sein (Maßstab § 1 KSchG) und
- es werden Nachteile vermieden, die sich durch die Kündigung für das berufliche Fortkommen ergeben können.

Das Interesse an einer **Abfindung** reicht nicht aus. Das Merkmal Nachteile für das berufliche Fortkommen hat kaum praktische Bedeutung. Für die Rechtsprechung ist eine einseitige Beendigung eines Arbeitsverhältnisses regelmäßig nachteilhafter als die einvernehmlich Lösung des Arbeitsverhältnisses durch Aufhebungsvertrag. Das gilt namentlich für Arbeitnehmer, die noch nicht das 58. Lebensjahr im Sinne von § 428 SGB III vollendet haben (BSG, Urteil vom 25. April 2002, Az: B 11 AL 100/01 R, in: ArbuR 2002, 239). Damit kommt in Sozialgerichtsprozessen regelmäßig der objektiven Rechtmäßigkeit der betriebsbedingten

Kündigung zentrale Bedeutung zu. Hierbei haben die Sozialgerichte wegen des Amtsermittlungsgrundsatzes alle Aspekte der betriebsbedingten Kündigung im Sinne von § 1 KSchG zu hinterfragen, dazu zählen das dringende betriebliche Erfordernis, eine mögliche Weiterbeschäftigung und die Sozialauswahl (zu den Anforderungen vgl.: BSG, Urteil vom 17. Oktober 2002, Az.: B 7 AL 134/01 R). Geprägt werden diese Verfahren regelmäßig durch die große zeitliche Distanz zum Aufhebungsvertrag, der Prozess vor dem Sozialgericht folgt manchmal erst Jahre später. Außerdem hat in einem solchen Verfahren regelmäßig nur noch der Arbeitnehmer ein originäres Interesse an der Klärung des Sachverhalts, für den Arbeitgeber hat sich die Frage nach der objektiven Rechtmäßigkeit der Kündigung regelmäßig mit dem Abschluss des Aufhebungsvertrags erledigt.

3.7.2 Soll mit dem Aufhebungsvertrag eine personenbedingte Kündigung – namentlich die **krankheitsbedingte Kündigung** – vermieden werden, so muss diese Kündigung ebenfalls gemessen am Maßstab des § 1 KSchG rechtmäßig sein. Das bedeutet für den krankheitsbedingten Kündigungsgrund, dass für den Arbeitnehmer aufgrund seines bisherigen Krankheitsverlaufs und in Anbetracht seiner arbeitsvertraglichen Verpflichtung eine negative Gesundheitsprognose für die nächsten 24 Monate erstellt werden muss.

3.7.3 Dem Arbeitnehmer ist die Fortsetzung des Arbeitsverhältnisses immer dann **unzumutbar**, wenn er arbeitsrechtlich einen Grund zur fristlosen, wenigstens aber zu einer fristgemäßen Kündigung hat (Bsp.: Lohnrückstand, Mobbing, unterwertige Beschäftigung, untertarifliche Entlohnung, gesundheitliche Gründe, die die Ausübung der bisherigen Tätigkeit erheblich erschweren). Sofern die Unzumutbarkeit in einem Verhalten des Arbeitgebers begründet liegt, hat der Arbeitnehmer – wie der Arbeitgeber bei verhaltensbedingten Gründen auch – grundsätzlich den Arbeitgeber abzumahnen und somit zunächst unter Erhalt des Arbeitsverhältnisses eine Besserung zu erreichen. Auch für den Arbeitnehmer ist die Kündigung die ultima ratio – also das letzte Mittel.

3.7.4 Zu den sonstigen Gründen können zählen Zuzug zum Ehegatten, Zuzug zum Verlobten, wenn die Heirat bis zur Beendigung des Beschäftigungsverhältnis beabsichtigt ist, oder Gewissensgründe (Arbeit an Kriegsgeräten). Die Herstellung einer nichtehelichen Lebensgemeinschaft reicht hingegen bisher jedenfalls nicht aus.

3.8 Die **Sperrzeitregeldauer** bei der Arbeitsaufgabe beträgt gemäß § 144 Abs. 3 S. 1 SGB III **zwölf Wochen**, in dieser Zeit erhält der Versicherte kein Geld von der zuständigen Agentur für Arbeit.

3.8.1 Eine gesetzliche **Sperrzeitverkürzung** auf sechs Wochen sieht § 144 Abs. 3 S. 2 Nr. 2a SGB III für den Fall vor, dass das Arbeitsverhältnis binnen zwölf Wochen nach Abschluss des Aufhebungsvertrags ohnehin geendet hätte. Nach § 144 Abs. 3 S. 2 Nr. 2b SGB III erfolgt eine Reduzierung sogar auf drei Wochen, wenn die Beendigung des Arbeitsverhältnisses nach sechs Wochen erfolgt wäre. Eine kürzere Sperrzeit ist gesetzlich nicht vorgesehen und kommt daher auch dann nicht in Betracht, wenn das Arbeitsverhältnis auch ohne Aufhebungsvertrag in weniger als drei Wochen geendet hätte. Die dreiwöchige Sperrzeit markiert daher die untere Grenze (BSG, Urteil vom 5. Februar 2004, Az.: B 11 AL 31/03 R, in: NZS 2005, 219-221).

3.8.2 Die gesetzliche **Sperrzeitverkürzung** kommt namentlich beim **Unterschreiten** der maßgeblichen **Kündigungsfrist** (zum Überschreiten der Kündigungsfrist vgl. oben Anm.: 2.1) in Betracht. Die zuständige Agentur für Arbeit wird in diesem Falle unabhängig davon, ob dem Arbeitnehmer ein wichtiger Grund zur Seite steht, regelmäßig schon deshalb eine **Sperrzeit** verhängen, weil der Arbeitnehmer ohne Aussicht auf eine Anschlussbeschäftigung eher in den Leistungsbezug kommt. Wird die Kündigungsfrist nicht eingehalten, ordnet das Arbeitsamt außerdem gemäß § 143a SGB III das Ruhen der Leistungsbezüge an, so dass ein großer Teil der **Abfindung** auf das Arbeitslosengeld anzurechnen ist (vgl. näher § 3 – Abfindungsklausel, Anm. 3.1).

3.8.3 Von besonderer Bedeutung ist die Verkürzung der Sperrzeit auf sechs Wochen gemäß § 144 Abs. 3 S. 2 Nr. 2b SGB III, wenn die zwölfwöchige Sperrzeit für den Versicherten eine **besondere Härte** bedeuten würde. Hierzu zählen u.a. die Erhaltung aussichtsreicher Bewerbungschancen bei angedrohter fristloser Kündigung und die Herstellung einer nichtehelichen Lebensgemeinschaft (die allein als wichtiger Grund nicht ausreicht, hier ist nur die eheliche Lebensgemeinschaft geschützt), auch unter gleichgeschlechtlichen Partnern.

3.9 Auch kann die **Leistungsdauer** gemäß § 128 Abs. 1 Nr. 4 SGB III gekürzt werden. Die Kürzung entspricht regelmäßig der Dauer der Sperrzeit; der Anspruch auf Bezug von Arbeitslosengeld mindert sich daher am Ende der Bezugsdauer um die Tage der festgestellten Sperrzeit, mindestens aber um ein Viertel der Anspruchsdauer. Namentlich bei einer zu erwartenden Langzeitarbeitslosigkeit kann die Kürzung des Anspruchs am Ende der Bezugsdauer noch einmal erhebliche Einbußen für den Versicherten bedeuten, da nach Ablauf der Bezugsdauer der Versicherte seinen Anspruch auf Arbeitslosengeld verliert und nur noch Anspruch auf das regelmäßig deutlich niedrigere Arbeitslosengeld II hat.

3.10.1 Gerade beim Abschluss von Aufhebungsverträgen mit älteren, schon längerfristig beschäftigten Arbeitnehmern kann die **Erstattungspflicht des Arbeitgebers** nach § 147a SGB III (in der ab dem 01.01.2004 gültigen Fassung) eine erhebliche wirtschaftliche Rolle spielen. Der Arbeitgeber hat der zuständigen Agentur für Arbeit das an den ausgeschiedenen Arbeitnehmer geleistete Arbeitslosengeld zu erstatten, soweit die engen Voraussetzungen der Erstattungspflicht erfüllt sind:

- Arbeitnehmer muss mindestens 24 Monate beschäftigt gewesen sein,
- die 24 Monate müssen innerhalb einer Rahmenfrist von 4 Jahren zurückgelegt worden sein,
- dem Mitarbeiter muss Arbeitslosengeld oder auch Arbeitslosenhilfe (bis zum 31.12.2004) (zur Gleichstellung von Arbeitslosenhilfe mit Arbeitslosengeld vgl. § 198 Nr. 7 SGB III in der bis 31.12.2004 gültigen Fassung) gewährt worden sein,
- der Mitarbeiter muss das 55. Lebensjahr vollendet haben und
- der Mitarbeiter darf keinen Anspruch auf andere Sozialleistungen im Sinne von § 142 Abs. 1 Nr. 2 – 4 SGB III (Krankengeld, Rente wegen voller Erwerbsminderung, Altersrente) haben.

Das Arbeitslosengeld II, das ab dem 01.01.2005 die Arbeitslosenhilfe ersetzt, ist von der Erstattungspflicht nicht erfasst. Die Erstattungspflicht trifft den Arbeitgeber für die Zeit nach Vollendung des 57. Lebensjahres des Arbeitslosen, die Erstattungspflicht ist auf längstens 32 Monate begrenzt.

3.10.2 Den Arbeitgeber trifft die Erstattungspflicht nicht, wenn einer der **Befreiungstatbestände** des § 147 Abs. 1 S. 2 Nr. 1 – 7 SGB III erfüllt ist. Namentlich folgende Befreiungstatbestände sind von Bedeutung:

- bei Kleinbetrieben mit nicht mehr als 20 Arbeitnehmern – Nr. 2,
- bei Eigenkündigung des Arbeitnehmers ohne Abfindungsregelung – Nr. 3,
- bei sozial gerechtfertigter, also bei verhaltens-, personen- oder betriebsbedingter Kündigung im Sinne von § 1 KSchG – Nr. 4,
- bei fristlosem Kündigungsrecht des Arbeitgebers im Sinne von § 626 BGB – Nr. 5,
- wegen Personalminderung – Nr. 6 und 7.

3.10.3 Die Befreiungstatbestände bauen damit zwar im wesentlichen auf der Betrachtung der Kündigung auf und haben damit dem Wortlaut nach keinen Anwendungsbereich für einen geschlossenen Aufhebungsvertrag. Der Befreiungstatbestand der **Eigenkündigung** greift aber auch beim Abschluss eines Aufhebungsvertrags; sofern es in einer hypothetischen Betrachtung zu Eigenkündigung gekommen wäre. Das heißt, der Arbeitnehmer muss den **wesentlichen Umstand** zum Abschluss des Aufhebungsvertrags gesetzt haben. Das Arbeitsverhältnis darf dann aber auf Grund des Aufhebungsvertrags nicht vor dem Tag enden, zu dem es bei einer fristgerechten Kündigung durch den Arbeitnehmer geendet hätte (BSG, Urteil vom 27. Januar 2005, Az.: B 7a/7 AL 32/04 R, in: NZA 2005, 680; so auch bereits: BSG, Urteil vom 18. September 1997, Az.: 11 RAr 7/96, in: NZS 1998, 251-253).

3.10.4 Ist das Arbeitsverhältnis durch Aufhebungsvertrag beendet worden und soll hierdurch eine (sozial gerechtfertigten) **arbeitgeberseitige Kündigung** ersetzt werden, scheidet ein Befreiungstatbestand im Sinne von Nr. 4 jedoch aus (BSG, Urteil vom 16. September 1998, Az.: B 11 AL 59/97 R; bestätigt vom BVerfG, Nichtannahmebeschluss vom 09.09.2005, Az.: 1 BvR 620/01). Dies gilt auch, wenn die Kündigung durch arbeitsgerichtlichen Vergleich ersetzt wurde und der dann geschlossene Aufhebungsvertrag das Arbeitsverhältnis konstitutiv beendet, es kommt nicht darauf an, ob die Kündigung ausdrücklich zurückgenommen wurde (BSG, Urteil vom 16. Oktober 2003, Az.: B 11 AL 1/03 R, in: NZS 2004, 495-497).

> **Praxishinweis:** Zur Vermeidung der Erstattungspflicht ist in einem arbeitsgerichtlichen Vergleich zur Beendigung des Arbeitsverhältnisses als Beendigungsumstand immer auf die zugrunde liegende Kündigung abzustellen und kein neuer eigenständiger Aufhebungsvertrag abzuschließen. Soll die Erstattungspflicht vermieden werden, darf auch kein außergerichtlicher Aufhebungsvertrag geschlossen werden, der die Kündigung ersetzt.

Wohl aber ist die Anwendung bei Abschluss eines **Abwicklungsvertrags** nicht grundsätzlich ausgeschlossen; der Abwicklungsvertrag darf aber nicht lediglich ein verdeckter Aufhebungsvertrag sein, weil die beteiligten Parteien auch über die Beendigung einig sind. Beendigung und Abwicklungsmodalitäten dürfen kein einheitliches Rechtsgeschäft im Sinne eines Aufhebungsvertrags darstellen. Ob eine Vereinbarung, einen Abwicklungsvertrag oder einen Aufhebungsvertrag darstellt, ist abhängig von dem Inhalt der rechtsgeschäftlichen Willenserklärung und durch Auslegung zu ermitteln (BSG, Urteil vom 2. September 2004, Az.: B 7 AL 78/03 R, in: AuA 2005, 301).

> **Praxishinweis:** Zur Vermeidung der Erstattungspflicht durch Abwicklungsvertrag bietet es sich an, dem Arbeitnehmer die schriftliche Kündigung auszuhändigen und ihn auf dieser quittieren zu lassen, dass er mit der Kündigung einverstanden ist. Diese Erklärung stellt ein Rechtsmittelverzicht dar. Der Arbeitnehmer kann nicht mehr mit Erfolg eine Kündigungsschutzklage erheben. Erst dann sind die Verhandlungen über die Abwicklungsmodalitäten aufzunehmen.

3.10.5 Der Befreiungstatbestand nach Nr. 5 stellt allein auf die **Berechtigung** des Arbeitgebers zur **fristlosen Kündigung** ab, so dass die Beendigung des Arbeitsverhältnisses durch Aufhebungsvertrag der Befreiung von der Erstattungspflicht nicht von vornherein entgegensteht. Jedoch müssen die Voraussetzungen einer Kündigung aus wichtigem Grund vorliegen (BSG, Urteil vom 21. September 2000, Az.: B 11 AL 5/00, in: AuA 2001, 278).

4　Steuerrechtliche Aspekte

Die Aufhebungsklauseln, die vor dem 31.12.2005 geschlossen wurden, sollten aus steuerrechtlichen Gründen auf die **Veranlassung des Aufhebungsvertrags** durch den Arbeitgeber schließen lassen. Im Hinblick auf die Abfindungsklausel genoß der Arbeitnehmer für eine erhaltene Abfindung im Sinne von § 3 Nr. 9 EStG nur dann die Steuerfreiheit, wenn das Dienstverhältnis auf Veranlassung des Arbeitgebers aufgelöst wurde (zur Aufhebung der Steuerfreiheit vgl. § 3 – Abfindungsklausel; Anm. 4.1).

Normen
§§ 1, 1a, 4 KSchG, 14 SGB I, 128, 143a, 144, 147a SGB III, 3 Nr. 9 EStG

§ 2 – Freistellung und Urlaub

Bis zur Beendigung des Arbeitsverhältnisses verbleibt es bei den beiderseitigen Rechten und Pflichten. Ab dem _____ wird der Arbeitnehmer jedoch unter Fortzahlung [1.3] der vertraglichen Vergütung (unwiderruflich [1.4, 1.5]) freigestellt. Dabei besteht Einigkeit darüber, dass mit der Freistellung zugleich noch bestehende Urlaubsansprüche [1.5] und etwaige bestehende Überstunden aus dem Arbeitszeitkonto erfüllt werden. Dem Arbeitnehmer ist gestattet, während der Freistellungsphase eine Tätigkeit [1.7] auszuüben; der hierbei erzielte Verdienst wird in Höhe von _____ auf die vereinbarte Vergütung angerechnet.

Stichwortverzeichnis

Anwartschaftszeit;	2.6
Auslauffrist, Begriff;	1.1
Erkrankung;	1.6
Freistellung, bezahlt;	1.3
Freistellung, unbezahlt;	1.3
Freistellung, unwiderruflich;	1.5
Freistellung, widerruflich;	1.4
Gleichwohlgewährung;	2.3
Krankenversicherungsschutz;	2.5
Lohnfortzahlung;	1.6

Ruhen, Arbeitsentgelt;	2.1
Ruhen, Urlaubsabgeltung;	2.2
Sonntags-, Feiertags- od. Nachtarbeit;	3
Tätigkeit, anderweitig;	1.7
Urlaub;	1.5
Verkürzung (Minderung);	2.4
Wartezeit;	2.6

Kommentierung

1 Arbeitsrechtliche Aspekte

1.1 Der Arbeitnehmer hat keinen Anspruch auf Freistellung während der **Auslauffrist**. Die Auslauffrist bezeichnet die Zeit zwischen Abschluss des Aufhebungsvertrags und Ende des Arbeitsverhältnisses.

1.2 Vereinbaren die Parteien aber die Freistellung, ist damit die Arbeitspflicht des Arbeitnehmers suspendiert. Das Datum, ab dem die Freistellung erfolgen soll, ist frei verhandelbar, richtet sich aber nach dem betrieblichen Interesse des Arbeitgebers und kann auch beeinflusst sein von einer belasteten Situation des Arbeitsverhältnisses bei verhaltensbedingten Hintergründen.

1.3 Mit der Freistellung muss die Frage nach der Fortzahlung der Vergütung geregelt werden. Die Freistellung kann als **bezahlte Freistellung** oder auch als **unbezahlte Freistellung** vereinbart werden. Die Vereinbarung der Entgeltpflicht wird dabei anlassbezogen von den Parteien gewählt werden und entspricht damit dem verfolgten Sinn der Freistellungsregelung. Sofern verhaltensbedingte Gründe eine Freistellung aufgrund gestörten Vertrauensverhältnisses bedingen, wird eine fortlaufende Vergütung unwahrscheinlicher sein als bei betriebsbedingten Gründen, in denen die Beschäftigungsmöglichkeit entfallen ist. Sofern die Parteien keine ausdrückliche Regelung treffen und auch keine Auslegungskriterien, die eine oder die andere Auslegungsalternative nahe legen, trifft den Arbeitgeber grundsätzlich die Verpflichtung zur Fortzahlung der vereinbarten Vergütung; dies ergibt sich aus dem prinzipiellen Beschäftigungsanspruch des Arbeitnehmers und der Vorschrift des § 615 BGB, der das Annahmeverzugslohnrisiko zulasten des Arbeitgebers regelt.

1.4   Die **Form** der Freistellung kann widerruflich oder unwiderruflich vereinbart werden. Der Vorteil der **widerruflichen Freistellung** liegt im Fortwirken des Direktionsrechtes; der Arbeitgeber ist jederzeit befugt, den Arbeitnehmer bis zum Ablauf der vereinbaren Frist zur Beendigung des Arbeitsverhältnisses wieder an seinen Arbeitsplatz zurück zu berufen.

1.5   Die **unwiderrufliche Freistellung** hingegen ist die notwendige Voraussetzung, um in der Freistellung auch die Urlaubs- und die Überstundenansprüche abgelten zu können. Mit der Gewährung von Urlaub ist Widerruflichkeit unvereinbar. Der Arbeitgeber hat nicht das Recht, mittels einer widerruflichen Freistellung faktisch die Lage des Urlaubs beliebig modifizieren zu können. Die Abgeltung des Urlaubs muss jedoch ausdrücklich vereinbart sein, allein die Vereinbarung der Freistellung reicht hierfür nicht (BAG, Urteil vom 9. Juni 1998, Az: 9 AZR 43/97, in: DB 1999, 52-53 = NZA 1999, 80-81 = DB 1999, 159-160 = NJW 1999, 1496). Resturlaubsansprüche werden durch die Freistellung daher nur in den Fällen verbraucht, in denen der Arbeitgeber dem Arbeitnehmer ausdrücklich oder stillschweigend Urlaub gewährt. Einer Regelung über die Anzahl des noch verbleibenden Resturlaubs – wie viele Werktage dem Arbeitnehmer also noch zustehen – bedarf es hingegen mit der gewählten Formulierung nicht. Mit der Regelung sind die Parteien sich darüber einig, dass der Freistellungszeitraum den Urlaubsanspruch übersteigt. Erfolgt keine Freistellung, muss der Arbeitgeber auf Wunsch des Arbeitnehmers Urlaub in die Auslauffrist legen, es sei denn, dass dringende betriebliche Belange oder Urlaubswünsche anderer Arbeitnehmer, die unter sozialen Gesichtspunkten den Vorrang haben, entgegenstehen.

1.6   Tritt während der Freistellung eine **Erkrankung** beim Arbeitnehmer auf, so trifft den Arbeitgeber nur dann die Pflicht zur **Lohnfortzahlung**, wenn es sich um eine bezahlte Freistellung handelt.

1.7   Wird dem Arbeitnehmer gestattet, während der Freistellungszeit eine **anderweitige Tätigkeit** auszuüben, kann vereinbart werden, dass die dort erzielten Einkünfte auf die vertraglichen Bezüge angerechnet werden. Diese Anrechnungsregelung sieht im Übrigen auch § 615 S. 2 BGB vor.

2   Sozialrechtliche Aspekte

2.1   Wählen die Parteien des Aufhebungsvertrags eine unwiderrufliche bezahlte Freistellung und endet damit das Direktionsrecht, endet nach sozialrechtlichem Verständnis auch das **Beschäftigungsverhältnis**. Sofern der Arbeitnehmer damit grundsätzlich die Voraussetzungen für den Erhalt von Arbeitslosengeld erfüllt, er damit insbesondere arbeitslos und für den Arbeitsmarkt verfügbar ist, scheidet ein Anspruch auf Arbeitslosengeld dennoch aus. § 143 Abs. 1 SGB III ordnet das **Ruhen** des Anspruchs auf Arbeitslosengeld für den Fall an, dass er Arbeitnehmer noch **Arbeitsentgelt** erhält oder auch nur zu beanspruchen hat. In diesem Falle lebt der Anspruch des Arbeitslosen auf Zahlung von Arbeitslosengeld erst dann auf, wenn mit dem Ende des Arbeitsverhältnisses auch die Entgeltansprüche entfallen.

2.2   Vereinbaren die Parteien in § 1 – Aufhebungsklausel eine sofortige Beendigung des Arbeitsverhältnisses und stehen dem Arbeitnehmer noch Resturlaubsansprüche zu, wandelt sich der Urlaubsanspruch in einen Anspruch auf **Urlaubsabgeltung.** Die Urlaubsabgeltung verfolgt den Zweck einer wirtschaftlichen Kompensation für entgangenen Urlaub. Der Gesetzgeber hat in diesem Falle das **Ruhen** des Arbeitslosengeldanspruchs angeordnet – § 143 Abs. 2 SGB III. Dabei unterscheidet der Gesetzgeber nicht, ob der Arbeitnehmer die Urlaubsabgeltung erhalten oder lediglich zu beanspruchen hat. Der Ruhenszeitraum beginnt mit dem ersten Tag, der auf das Ende des Arbeitsverhältnisses folgt und läuft kalendermäßig ab, unabhängig davon, ob Arbeitslosengeld beantragt wurde oder nicht. Sofern dieser Tag kein Werktag ist, gilt der nächste folgende Werktag als Beginn.

2.3   Im Fall des Ruhens wegen Arbeitsentgelt beziehungsweise Urlaubsabgeltung steht dem Arbeitslosen gemäß § 143 Abs. 3 SGB III allerdings dann ein Anspruch auf Arbeitslosengeld gegenüber der Bundesagentur für Arbeit zu, wenn der Arbeitgeber tatsächlich nicht zahlt. Der Arbeitslose erhält dann die so genannte **Gleichwohlgewährung**. In diesem Falle geht der Anspruch des Arbeitnehmers auf Entgelt oder Urlaubsabgeltung in Höhe des geleisteten Arbeitslosengelds auf die Agentur für Arbeit im Sinne von § 115 SGB X über. Erhält der Arbeitslose neben dem Arbeitslosengeld im Rahmen der Gleichwohlgewährung nachträglich von seinem ehemaligen Arbeitgeber das offen stehende Arbeitsentgelt oder die offen stehende Urlaubsabgeltung, hat der Arbeitslose das überzahlte Arbeitslosengeld zu erstatten, sofern der Arbeitgeber mit befreiender Leistung an den ehemaligen Arbeitnehmer zahlt. Das ist namentlich dann der Fall, wenn der Arbeitgeber von der Leistung der Agentur für Arbeit nichts wusste, § 143 Abs. 3 S. 2 SGB III in Verbindung mit §§ 412, 407 BGB.

2.4   Das Ruhen des Anspruchs führt nicht zu einer **Verkürzung** des Anspruchs; der Ruhenstatbestand erfüllt keinen Minderungstatbestand im Sinne von § 128 SGB III. Der Arbeitnehmer behält also die volle Anspruchsdauer im Sinne von § 127 SGB III, die sich nach der Dauer des Beschäftigungsverhältnisses einerseits und nach dem Alter des Arbeitnehmers andererseits richtet (vgl. auch § 3 – Abfindungsklausel, Anm. 3.5).

2.5   Der Arbeitslose, dessen Anspruch auf Arbeitslosengeld wegen Anrechnung einer Urlaubsabgeltung oder wegen Arbeitsentgelt ruht, genießt keinen **Krankenversicherungsschutz** (vgl. auch § 3 – Abfindungsklausel, Anm. 3.6). Zwar gewährt § 19 Abs. 2 SGB V dem Arbeitnehmer einen nachgehenden Versicherungsschutz, der jedoch nur einen Monat nach Beendigung der Mitgliedschaft in der gesetzlichen Krankenversicherung andauert. Neuen Versicherungsschutz über die Bundesagentur für Arbeit erlangt der Arbeitnehmer nicht, da der Versicherte, solange der Anspruch ruht, keine Leistungen in Form von Arbeitslosengeld im Sinne von § 5 Abs. 1 Nr. 2 SGB V bezieht. Da die Pflegeversicherung gemäß § 20 Abs. 1 SGB XI von der versicherungspflichtigen Mitgliedschaft in der gesetzlichen Krankenversicherung abhängig ist, genießt der Arbeitslose zudem keinen **Pflegeversicherungsschutz**. Der Arbeitnehmer hat sich also nach Ablauf des nachgehenden Versicherungsschutzes im Sinne von § 19 Abs. 2 SGB V selbst um einen Versicherungsschutz zu kümmern. Der gesetzliche Urlaubsanspruch mit 24 Tagen bei einer 6-Tage Woche räumt dem Arbeitnehmer in der Regel nur einen Jahresurlaub von 4 Wochen ein. Daher ist das Problem des Versicherungsschutzes in der Kranken- und Pflegeversicherung bei der Anrechnung einer Urlaubsabgeltung überschaubar.

2.6   Sofern die Parteien eine unbezahlte Freistellung wählen, führt dies dazu, dass der Arbeitnehmer in der Zeit der Freistellung auch nicht die **Anwartschaftszeit** auf Erlangen eines Anspruchs auf Arbeitslosengeld erfüllt – §§ 123, 24, 25 SGB III. Das gleiche gilt für die allgemeine **Wartezeit** bei der Rente im Sinne von § 50 SGB VI. Aus Gründen der Verwaltungsvereinfachung sieht § 7 Abs. 3 SGB IV dann eine Ausnahme vor, wenn die unbezahlte Freistellung weniger als 1 Monat andauert.

3 Steuerrechtliche Aspekte

Die während der Freistellung geleistete Vergütung ist wie üblich zu versteuern, sie stellt keine Abfindung dar. Gezahlte Zuschläge für **Sonntags-, Feiertags und Nachtarbeit** sind allerdings nicht steuerfrei im Sinne von § 3b EStG, die Steuerfreiheit gilt nur für **tatsächlich geleistete** Sonntags-, Feiertags- oder Nachtarbeit.

Normen
§§ 24, 25, 123, 127, 128, 143 SGB III, 5, 19 SGB V, 50 SGB VI, 115 SGB X, 20 SGB XI, 412, 407, 615 BGB, 3b EStG.

§ 3 – Abfindungsklausel

Der Arbeitgeber zahlt dem Arbeitnehmer für den Verlust des Arbeitsplatzes und des damit verbundenen sozialen Besitzstandes [1.2] gemäß §§ 3 Nr. 9, 24, 34 EStG und in entsprechender Anwendung der §§ 9, 10 KSchG [1.2, 4] eine Abfindung [1.3, 3.1] in Höhe [2.1] von _____ € (ggf. netto oder brutto [4.1, 4.3, 4.5]). Der Abfindungsbetrag wird einmalig [1.4, 4.3] (*oder* in Höhe von _____ €) ausbezahlt. (*oder* Der darüber hinausgehende Restbetrag wird mit der Hälfte des durchschnittlichen Steuersatzes abgerechnet [4.5].) Die Abfindung ist vererblich [2.4], sie ist bei Beendigung des Arbeitsverhältnisses fällig [2.3] (*oder* Die Abfindung entsteht mit der Beendigung des Arbeitsverhältnisses [2.2]). Die Abfindung ist auf die Abfindung aus dem Sozialplan [1.1] anzurechnen.

Stichwortverzeichnis

Abfindung, Begriff;	1.3
Abfindungsformen;	1.4
Abfindungshöhe;	2.1
Abfindungsvereinbarung, Auslegung;	1.5
Abgrenzung zu anderen Geldleistungen;	1.5
Annahmeverzugslohn;	2.1
Anrechnungsbetrag;	3.3

Anrechnungsfrist;	3.2
Arbeitslosengeld;	3.1
Auflösungsantrag, Abfindung;	1.1
Beitragsfreiheit;	3.7
Besitzstand;	1.2
Einmalzahlung;	1.4, 4.3
Entlassungsentschädigung;	1.3, 3.1
Entstehung;	2.2
Fälligkeit;	2.3
Fünftel-Regelung;	4.4
Gleichwohlgewährung;	3.4
Krankenversicherungsschutz;	3.6
Leistungsbetrug;	1.5
Pfändbarkeit;	5.1
Rechtsquelle;	1.1
Regelabfindung;	2.1
Rückzahlungsklausel;	5.3
Ruhen;	3.1
Sozialplan, Abfindung;	1.1
Sozialversicherungspflicht;	4.6
Steuerbegünstigung;	4.3
Steuerfreiheit;	4.1
Steuerlast;	4.5
Steuerpflichtiger;	4.5
Tarifbegünstigung;	4.3
verdecktes Arbeitsentgelt;	1.5
Vererblichkeit;	2.4
Verfahrensdauerdauer, Kündigungsschutzklage;	2.1
Vorfälligkeit;	2.3
Verjährung;	5.2
Verkürzung (Minderung);	3.5
Zuflussprinzip;	4.2
Zusammenballung;	4.3

Kommentierung

1 Überblick

1.1 **Rechtsquelle** eines Abfindungsanspruchs kann eine gesetzliche Grundlage oder die vertragliche Vereinbarung sein. Die **gesetzlichen normierten Anspruchsgrundlagen** erschöpfen sich in zwei Vorschriften; §§ 9, 10 KSchG im Falle eines **Auflösungsantrags** und § 1a KSchG, dem Abfindungsanspruch bei betriebsbedingter Kündigung; § 1a KSchG stellt aber letztlich eine Sonderform der vertraglichen Vereinbarung dar (vgl. unter § 1 – Aufhebungsklausel – Abwicklungsklausel, Anm. 3.3). Daneben kann sich ein Anspruch auf Abfindung noch aus einem **Sozialplan** im Sinne der §§ 111 – 112a BetrVG ergeben. Insbesondere bei Sozialplanabfindungen ist zu prüfen, ob ein solcher Anspruch bei Abschluss eines Aufhebungsvertrag überhaupt besteht. Die Partner des Sozialplans vereinbaren bisweilen den Abfindungsanspruch nur bei Beendigung durch die arbeitgeberseitige Kündigung. Wird daher in der Abfindungsklausel ein niedrigerer Abfindungsbetrag als im Sozialplan vereinbart, verbleibt es bei diesem Betrag. Der Arbeitnehmer kann nicht die höhere Abfindung nach dem Sozialplan verlangen. Der **Abfindungsanspruch** hat **Ausnahmecharakter**; der **vertraglichen Vereinbarung** im Rahmen eines Aufhebungs- und Abwicklungsvertrags kommt daher besondere Bedeutung zu und stellt regelmäßig für einen Arbeitnehmer, dem die Auflösung des Arbeitsverhältnisses droht, das zentrale Motiv zum Abschluss des Aufhebungsvertrags dar. Ob die Parteien hierbei den Weg über die Kündigungsschutzklage wählen, um dann eine Abwicklungsvereinbarung gerichtlich protokollieren zu lassen oder direkt eine Abfindungsregelung in einem Aufhebungsvertrag ohne den Umweg über das Gericht wählen, hängt vom sozialversicherungsrechtlichen Risiko einer Sperrzeit im Falle anschließender Arbeitslosigkeit ab (vgl. auch Praxishinweis unter § 1 – Aufhebungsklausel – Abwicklungsklausel, Anm. 1.4 und III Praktische Tipps, 1. Gesprächssituation und Interessenlage).

1.2 **Sinn** der Abfindungsregelung ist die finanzielle Kompensation des Verlusts des sozialen Besitzstandes; dient aber auch der Kompensation des Verlusts zukünftig zu erwartenden Arbeitsentgelts. Der soziale **Besitzstand** steigt mit zunehmender Betriebszugehörigkeit. Um diesem Aspekt Rechnung zu tragen, kann in der Abfindungsregelung

Bezug genommen werden auf die §§ 9, 10 KSchG, die diesem Gesichtspunkt Rechnung tragen (vgl. insb. § 10 Abs. 2 KSchG). Notwendig ist der Bezug auf diese Vorschriften nicht, dient aber der Klarstellung, dass es sich bei der Zahlung um eine echte Entlassungsentschädigung als Äquivalent für den Arbeitsplatzverlust handelt und damit sowohl die steuerrechtlichen Vergünstigungen (bis 31.12.2005) im Sinne der §§ 3 Nr. 9, 24, 34 EStG greifen (Anm. 4) als auch die Anrechnung der Zahlung auf den Bezug von Arbeitslosengeld nur in den engen Grenzen des § 143a SGB III erfolgt (Anm. 3.1).

1.3   Der **Begriff** Abfindung wird unter anderem von § 143a SGB III aufgegriffen und allgemein als **Entlassungsentschädigung** bezeichnet. Abfindungen bzw. Entlassungsentschädigungen sind solche Zahlungen an den Arbeitnehmer, die der Arbeitgeber gerade wegen der Beendigung des Arbeitsverhältnisses zahlt. Zwischen Beendigung des Arbeitsverhältnisses und der Zahlung muss ein kausaler Zusammenhang bestehen.

1.4   Die klassische Abfindungsform stellt zwar die **Einmalzahlung** dar. Sofern die kausale Verknüpfung mit der Beendigung des Arbeitsverhältnisses zu bejahen ist, kann die Entlassungsentschädigung aber grundsätzlich in vielfacher **Form** vereinbart werden:

- als Betriebsrente, die nur wegen der Beendigung des Arbeitsverhältnisses geleistet wird,
- in Teilbeträgen, die in Monatsraten gezahlt werden,
- Beträge, die erst später fällig werden als das Arbeitslosengeld,
- Beträge, die im Zeitpunkt des Ausscheidens des Mitarbeiters noch unbestimmt sind – weil sie abhängig sein sollen von anderen Leistungen oder Bezügen des Mitarbeiters; bspw. in Form des Arbeitslosengelds oder
- Beträge, die nicht der Arbeitgeber sondern ein Dritter, bspw. eine betriebliche Sozialeinrichtung, zahlt.

1.5   Diese Sonderformen der Gewährung der Entlassungsentschädigung sind abzugrenzen von **anderen Geldleistungen**, die ihre Begründung nicht in der Kompensation des Verlusts des sozialen Besitzstands finden. Bei der Vereinbarung von Monatsraten kommen als Alternative namentlich Ansprüche aus der **betrieblichen Altersvorsorge** in Betracht. Auch ist eine Abgrenzung zu einem unstrittigen Anspruch auf Arbeitsentgelt vorzunehmen, der in eine Abfindung umgewandelt werden soll – **verdecktes Arbeitsentgelt**. Es ist daher jeweils durch **Auslegung** genau zu hinterfragen, ob die „Abfindung" tatsächlich ein Äquivalent für den Verlust des Arbeitsplatzes darstellt. Die Qualifizierung der Geldleistung als Abfindung hat **sozialrechtliche Konsequenzen**, da nach den Maßgaben des § 143a SGB III Entlassungsentschädigungen anzurechnen sind (s.u. unter Anm. 3.1). Handelt es sich – trotz Bezeichnung als Abfindung – um verdecktes Arbeitsentgelt, führt dieses gemäß § 143 Abs. 1 SGB III zum Ruhen des Anspruchs auf Arbeitslosengeld (vgl. hierzu § 2 Freistellung und Urlaub, Anm. 2.1). Handelt es sich um eine Betriebsrente, ist der Bezug Arbeitslosengeld II (bis zum 31.12.2004 Arbeitslosenhilfe) ausgeschlossen, weil der Arbeitslose infolge eigener Einkünfte nicht bedürftig ist – §§ 9, 11 SGB II (bis zum 31.12.2004 – §§ 193, 194 SGB III). Eine Anrechnung der Betriebsrente auf das Arbeitslosengeld erfolgt nach § 142 Abs. 4 SGB III. Andererseits wirkt sich die Auslegung auch **steuerrechtlich** aus; die Abfindung unterlag in den Grenzen des § 3 Nr. 9 EStG bis zum 31.12.2005 der Steuerfreiheit beziehungsweise unterliegt gemäß §§ 24, 34 EStG der Tarifbegünstigung (s.u. unter Anm. 4.3). Bei der Auslegung ist zu berücksichtigen, dass durch eine bestimmte Ausgestaltung der Geldleistung als Renten- oder Ratenzahlung oder durch Hinausschieben der Fälligkeit nicht die sozialrechtlichen Folgen umgangen werden können und dürfen. Umgekehrt kann aber auch eine betriebliche Rentenzahlung, wenn der Arbeitnehmer auf sie einen Anspruch erheben kann (aus Tarif- oder Arbeitsvertrag), nicht in eine Abfindungsleistung umgedeutet werden.

Praxishinweis: Die Sozial- und Finanzverwaltung beziehungsweise die Sozial- und Finanzgerichte ermitteln im Rahmen des Amtsermittlungsgrundsatzes mit dem Instrument der Auslegung den zutreffenden Regelungsinhalt einer „Abfindungsklausel".

> **Praxishinweis**: Die Qualifizierung als Entlassungsentschädigung hat insoweit Vorteile, als dass sie nur unter engen Voraussetzungen des § 143a SGB III, auch nicht in voller Höhe und auch nur für einen bestimmten Zeitraum angerechnet wird und außerdem steuerrechtlich begünstigt ist. Als Vorruhestandsgeld erfolgt hingegen immer ein Ruhen des Anspruchs auf Arbeitslosengeld im Sinne von § 142 Abs. 4 SGB III.

> **Praxishinweis**: Vereinbaren die Parteien unstrittiges Arbeitsentgelt als Abfindung – **verdecktes Arbeitsentgelt** – setzt sich der Arbeitnehmer dem Vorwurf des **Leistungsbetrugs und des Steuerbetrugs** aus. Diese Fälle reichen die Agenturen für Arbeit regelmäßig an die Staatsanwaltschaft weiter, die häufig in einer Verurteilung enden. Auch der Arbeitgeber setzt sich dem Beihilfevorwurf aus. Möglich ist indes ein **Tatsachenvergleich**, wenn streitig ist, ob der Arbeitnehmer überhaupt einen Anspruch auf Arbeitsentgelt hat – beispielsweise aus dem Gesichtspunkt des Annahmeverzugslohns. Dann können die Parteien, ohne strafrechtliches Risiko, dieses strittige Arbeitsentgelt in eine Abfindung umwandeln. Beim Leistungsbetrug wirken die **Arbeitsgerichte** nicht mit; wohl aber tragen sie einen Tatsachenvergleich in der oben erwähnten Form.

2 Arbeitsrechtliche Aspekte

2.1 Die **Abfindungshöhe** ist Verhandlungssache der Vertragspartner. Unterdessen hat der Gesetzgeber in § 1a Abs. 2 KSchG die Höhe der Abfindung geregelt, diese beträgt 0,5 Monatsverdienste für jedes Jahr des Bestehens des Arbeitsverhältnisses. Diese Formel war und ist auch die Faustformel der Arbeitsgerichte zu Ermittlung einer **Regelabfindung**, um ein Arbeitsverhältnis durch gerichtlichen Vergleich zu beenden. Die Abfindungshöhe steht aber außerhalb des Anwendungsbereichs des § 1a Abs. 2 KSchG nicht fest, sie ist Verhandlungssache. Im Rahmen eines Aufhebungsvertrags spielt namentlich der **Anlass der Beendigung** des Arbeitsverhältnisses eine Rolle. Liegen **betriebsbedingte Gründe** vor, ist die Verhandlungsposition des Arbeitnehmers naturgemäß stärker, als bei **verhaltensbedingten Gründen**, die das

Vertrauen des Arbeitgebers nachhaltig stören. Bei verhaltensbedingten Gründen spielt die Wirksamkeit etwaiger **Abmahnungen** eine Rolle. Insbesondere bei einer ansonsten drohenden betriebsbedingten Kündigung spielen auch in der ausgehandelten Abfindung die **Betriebstreue**, die Dauer des Arbeitsverhältnisses und damit der Ausgleich des Verlustes des sozialen Besitzstandes eine positive Rolle. Auch spielt in beiden Fällen die Frage nach der **Rechtmäßigkeit** der Kündigung im Sinne von § 1 KSchG eine bedeutende Rolle. Je sicherer für den Arbeitnehmer ein positiver Ausgang einer Kündigungsschutzklage zu erwarten ist, desto näher liegt die Vereinbarung einer Regelabfindung. Ist hingegen eine auszusprechende Kündigung „wasserdicht", bleibt regelmäßig auch kein oder nur ein geringer Spielraum für die Vereinbarung einer Abfindung. Raum für die Abfindung bleibt regelmäßig nur für Arbeitsverhältnisse, die bereits länger als sechs Monate bestehen, andernfalls ist das strenge Kündigungsschutzrecht des **§ 1 KSchG** ebenso wenig **anwendbar** wie in **Kleinbetrieben** (§ 23 Abs. 2 KSchG), also bei Betrieben mit weniger als 5 Arbeitnehmern oder soweit der Arbeitnehmer selbst erst nach dem 31. Dezember 2003 das Arbeitsverhältnis begründet hat und der Betrieb mit dieser Einstellung nicht mehr als 10 Arbeitnehmer erreicht. Allerdings erschöpft sich die Abfindungshöhe nicht in der Beurteilung der Rechtmäßigkeit der Kündigung. Weiteres Kriterium bei der Aushandlung ist das **finanzielle Risiko** für den Arbeitgeber, das Risiko steigt mit dem ungewissen und möglicherweise langwierigen Prozess stetig. Für die **Dauer des Prozesses** hat der Arbeitgeber die Instanzenzüge zu berücksichtigen; Bestandsschutzstreitigkeiten – also Streitigkeiten, die um den Erhalt des Arbeitsplatzes gehen – sind gemäß § 64 Abs. 2 lit. c) ArbGG regelmäßig berufungsfähig. Die **Verfahrensdauerdauer** einer entsprechenden Kündigungsschutzklage kann daher bis zum Abschluss in der Berufungsinstanz bis zu 2 Jahre oder länger dauern; das Risiko eines Revisionsverfahrens ist dabei nicht berücksichtigt. Namentlich die Lohndifferenz aus dem Gesichtspunkt des **Annahmeverzugslohns** – § 615 BGB – für diese Zeit nach Ablauf der gültigen Kündigungsfrist bis zum rechtskräftigen Abschluss des Kündigungsschutzverfahrens öffnet den Spielraum zugunsten des Arbeitnehmers auch über die Regelabfindung hinaus. Dabei ist zugunsten des Arbeitgebers insbesondere bei langjährigen Arbeitsverhältnissen zu beachten, dass aufgrund längerer Kündigungsfristen das Annahmeverzugslohnrisiko sich entsprechend minimiert. **Weitere Faktoren** beziehungsweise **Umstände** können sein: das **Alter** des Arbeitnehmers, wurde der Arbeitnehmer schikaniert oder ungerecht behandelt oder ist er aus anderen Gründen besonders schutzbedürftig; liegt namentlich eine Schwerbehinderung vor, darüber hinaus Familienstand, Verlust etwaiger betrieblicher Anwartschaftsrechte (verfallbare Ruhegelder, Tantiemen, Gratifikationen) und Aussichten auf dem Arbeitsmarkt.

2.2   Grundsätzlich **entsteht** der Anspruch mit der vertraglichen Vereinbarung. Sieht ein Aufhebungsvertrag jedoch vor, der Abfindungsanspruch entsteht „erst mit der tatsächlichen Beendigung des Arbeitsverhältnisses zum vorgenannten Austrittstermin", dann scheidet ein Abfindungsanspruch insgesamt aus, wenn das Arbeitsverhältnis vorzeitig aus einem anderen Grund beendet wird (vgl.: BAG, Urteil vom 26. September 2001, Az.: 4 AZR 497/00; hier aufgrund eines Rentenbescheids wegen Erwerbsunfähigkeit und einer entsprechenden tarifvertraglichen Regelung, wonach in diesem Falle das Arbeitsverhältnis endet).

2.3   Ebenso wie die Regelungen über Sonderzahlungen, wie Tantiemen, Provisionen und Gratifikationen, ist eine Regelung über die **Fälligkeit** der Abfindung ratsam. Die Fälligkeit kann dabei ausdrücklich mit der Beendigung des Arbeitsverhältnisses zusammenfallen; eine Abrechnung und Auszahlung erfolgt dann regelmäßig mit der letzten Gehaltabrechnung. Es kann aber auch eine **Vorfälligkeit** – vor der Beendigung des Arbeitsverhältnisses – gewählt werden. Bei langen Fristen bis zur Beendigung des Arbeitverhältnisses bietet sich eine solche ausdrückliche Vereinbarung an. In Betracht kommt die Fälligkeit direkt mit Abschluss des Vertrages oder mit Ablauf des Monats, in dem der Vertrag abgeschlossen wurde. Soweit keine ausdrückliche Vereinbarung getroffen wurde, ist die Abfindungsklausel auslegungsbedürftig; wenn auch die Auslegung keine Fälligkeitsregel offenbart, ist die **Abfindung** sofort fällig; vgl. § 271 BGB.

2.4   Die Regelung über die **Vererblichkeit** der Abfindung sichert den potentiellen Erben den Auszahlungsanspruch gegenüber dem Arbeitgeber, auch für den Fall, dass der Arbeitnehmer in der Auslauffrist nach Abschluss des Aufhebungsvertrags aber vor Beendigung des Arbeitsverhältnisses verstirbt. Ohne positive Regelung entsteht in diesem Falle der Anspruch auf die Abfindung nicht (BAG, Urteil vom 26. August 1997, Az.: 9 AZR 227/96, in: BB 1998, 700).

3 Sozialrechtliche Aspekte

3.1 Wird die **Kündigungsfrist** nicht eingehalten, ordnet die Agentur für Arbeit gemäß § 143a SGB III das **Ruhen** der Leistungsbezüge an, so dass ein Teil der Abfindung auf das **Arbeitslosengeld** anzurechnen ist. Der Gesetzgeber folgt mit der Regelung der Überlegung, dass Abfindungen, die gezahlt werden, ohne die ordentliche Kündigungsfrist einzuhalten, nicht allein ein Äquivalent für den Verlust des sozialen Besitzstandes sind. § 143a SGB III spricht allgemein von **Entlassungsentschädigung**, der Begriff ist **Oberbegriff** für alle Abfindungstypen. Eine Anrechnung erfolgt daher unabhängig von der konkreten Bezeichnung. Die Anrechnung erfolgt unabhängig von den Umständen der Beendigung des Arbeitsverhältnisses. § 143a SGB III erfasst sowohl die Beendigung durch Kündigung als auch die Beendigung durch Aufhebungsvertrag. Die Entlassungsentschädigung muss aber in einem ursächlichen Zusammenhang zur Beendigung des Arbeitsverhältnisses stehen (zur Abgrenzung zu anderen Geldleistungen vgl. oben Anm. 1.5). Unerheblich ist auch der Rechtsgrund der Abfindung; neben der Abfindungsklausel kommen namentlich auch die Sozialplanabfindung oder die vereinbarte Abfindung in einem gerichtlichen Vergleich in Betracht. Nicht anrechnungsfähig sind hingegen alle Leistungen an den Arbeitnehmer, auf die ein Rechtsanspruch bei ordentlicher Kündigung bestanden hätte, hierzu zählen:

- Abfindungen aus Betriebsrenten,
- zuvor verdiente Vergütungsanteile,
- vermögenswirksame Leistungen,
- Mehrarbeitsvergütungen.

Diese Leistungen stehen gerade nicht in einem ursächlichen Zusammenhang mit der Beendigung des Arbeitsverhältnisses. Die Anrechnung erfolgt, wenn der Arbeitnehmer die Abfindung erhalten hat, aber auch wenn er sie lediglich beanspruchen kann.

3.2 Die **Anrechnungsfrist**, während der die Abfindung angerechnet wird und der Anspruch ruht, bestimmt sich nach der rechtlich zutreffenden Kündigungsfrist. Die Anrechnung erfolgt in der Zeit zwischen der tatsächlichen Beendigung des Arbeitsverhältnisses und der Beendigung des Arbeitsverhältnisses unter Berücksichtigung der ansonsten gültigen Kündigungsfrist. Die Frist beginnt mit dem Abschluss des sofort wirksamen Aufhebungsvertrags. § 143a SGB III sieht im Übrigen einige Spezialfälle für die Dauer der Anrechnungsfrist vor. Ist die ordentliche Kündigung zeitlich unbegrenzt ausgeschlossen so gilt eine maximale Kündigungsfrist von 18 Monaten – § 143a Abs. 1 S. 3 Nr. 1 SGB III. Kann ein Arbeitnehmer nur bei Zahlung einer Abfindung entlassen werden, gilt eine Kündigungsfrist von einem Jahr – § 143a Abs. 1 S. 4 SGB III. Die Anrechnungsfrist bei Abfindungen lässt das Ruhen bei **Urlaubsabgeltungsansprüchen** unberührt mit der Folge, dass sich beide Ruhenszeiträume addieren.

3.3   Der **Anrechnungsbetrag** im Sinne von § 143 Abs. 2 S. SGB III richtet sich grundsätzlich nach dem Bruttozahlbetrag; sofern der Arbeitgeber aber eventuell anfallende Lohnsteuer nicht übernimmt, ist diese vom Bruttobetrag abzuziehen. Der prozentuale Anrechnungsbetrag von der Abfindung ist gemäß § 143a Abs. 2 S. 3 SGB III abhängig von zwei Faktoren:

- Alter des Arbeitnehmers und
- Dauer dessen Betriebszugehörigkeit.

Der Höchstsatz bestimmt sich nach § 143a Abs. 2 S. 2 Nr. 1 SGB III; er liegt bei **60 %** für Arbeitnehmer, die jünger als 40 Jahre und weniger als 5 Jahre beschäftigt sind. Er reduziert sich um 5 % je 5 Jahre Betriebszugehörigkeit und für je fünf Lebensjahre. Der Satz darf **25 %** nicht unterschreiten.

Übersicht: Anrechnungsbeträge der Abfindung auf das Arbeitslosengeld

Alter => Betriebszugehörigkeit	unter 40 Jahre	ab 40 Jahre	ab 45 Jahre	ab 50 Jahre	ab 55 Jahre	ab 60 Jahre
bis 5 Jahre	60 %	55 %	50 %	45 %	40 %	35 %
ab 5 Jahre	55 %	50 %	45 %	40 %	35 %	30 %
ab 10 Jahre	50 %	45 %	40 %	35 %	30 %	25 %
ab 15 Jahre	45 %	40 %	35 %	30 %	25 %	25 %
ab 20 Jahre	40 %	35 %	30 %	25 %	25 %	25 %
ab 25 Jahre	35 %	30 %	25 %	25 %	25 %	25 %
ab 30 Jahre	—	25 %	25 %	25 %	25 %	25 %
ab 35 Jahre	—	—	25 %	25 %	25 %	25 %

3.4   Auch im Falle der Anrechnung von Abfindungsleistungen erhält der Arbeitslose die so genannte **Gleichwohlgewährung**, sofern der Arbeitgeber die Abfindung nicht auszahlt (vgl. unter § 2 – Freistellung und Urlaub, Anm. 2.3).

3.5   Das Ruhen des Anspruchs führt nicht zu einer **Verkürzung** des Anspruchs. Der Ruhenstatbestand erfüllt keinen Minderungstatbestand im Sinne von § 128 SGB III (vgl. auch § 2 – Freistellung und Urlaub hier Anm. 2.4).

3.6   Der Arbeitslose, dessen Anspruch auf Arbeitslosengeld wegen Anrechnung einer Abfindungsleistung ruht, genießt – wie auch beim Ruhen des Arbeitslosengelds bei einer Urlaubsabgeltung – kein **Krankenversicherungsschutz**. Das Gleiche gilt auch für den Pflegeversicherungsschutz (vgl. näher bei § 2 – Freistellung und Urlaub hier Anm. 2.5).

3.7   Echte Abfindungsleistungen, also solche Entlassungsentschädigungen, die ausschließlich den Verlust des sozialen Besitzstandes bzw. den Verlust künftiger Entgeltansprüche kompensieren, unterliegen in der Kranken- Renten und Arbeitslosenversicherung der **Beitragsfreiheit** (BSG, Urteil vom 21. Februar 1990, Az.: 12 RK 20/88; in: BB 1990, 1350-1352 = DB 1990, 1520-1521 = NJW 1990, 2274-2275).

4   Steuerrechtliche Aspekte

4.1   Der Freibetrag für **Abfindungen** nach § 3 Nr. 9 EStG ist ab 01.01.2006 entfallen. Dies ist im Gesetz zum Einstieg in ein steuerliches Sofortprogramm vom 22.12.2005 geregelt (BGBl. I, Nr. 76). Für Verträge über Abfindungen, Gerichtsentscheidungen oder Entlassungen **vor** dem 1.1.2006 greift allerdings eine Übergangsregelung. Diese Übergangsregelung sieht aus Gründen des Vertrauensschutzes die Weiteranwendung der bisherigen Steuerfreiheit vor, soweit dem Arbeitnehmer die Zahlung **vor dem Stichtag 01.01.2008** zufließt. Der Gesetzentwurf hatte zunächst noch den Stichtag 01.01.2007 vorgesehen. Freibeträge soll noch in Anspruch nehmen können, wer noch bis zum 31.12.2005 eine **Vereinbarung** über eine Abfindungen geschlossen hat oder **wenigstens eine Klage eingereicht** hatte. Ist dies der Fall, kann die Auszahlung noch in 2006 oder 2007 erfolgen.

Die endgültige **Gesetzesformulierung** der Übergangsregelung lautet:

> „§ 3 Nr. 9 in der bis zum 31. Dezember 2005 geltenden Fassung ist weiter anzuwenden für vor dem 1. Januar 2006 entstandene Ansprüche der Arbeitnehmer auf Abfindungen oder für Abfindungen wegen einer vor dem 1. Januar 2006 getroffenen Gerichtsentscheidung oder einer am 31.12.2005 anhängigen Klage, soweit die Abfindungen dem Arbeitnehmer vor dem 1. Januar 2008 zufließen".

Für die Beurteilung der **Steuerfreiheit** galt bis zum 31.12.2005 noch § 3 Nr. 9 EStG. Nach § 3 Nr. 9 EStG waren Abfindungen steuerfrei wegen einer vom Arbeitgeber veranlassten (vgl. Formulierung in § 1 – Aufhebungsklausel; und hier Anm. 3.2, 4). Die Steuerfreibeträge gelten wegen der Übergangsvorschrift fort. Als **veranlasst** durch den Arbeitgeber galt die Auflösung des Dienstverhältnisses dabei dann, wenn der Arbeitgeber die entscheidende Ursache hierfür gesetzt hat. Um in den Genuss der Steuerfreiheit zu kommen, musste die Initiative für Auflösung des Arbeitsverhältnisses daher vom Arbeitgeber ausgehen.

Überblick: Steuerfreibeträge bei der Zahlung von Abfindungen für den Zeitraum 01.01.2004 bis zum 31.12.2005 bzw. für alte Aufhebungsverträge (Abschluß bis 31.12.2005 – Auszahlung der Abfindung bis 31.12.2007)

Freibetrag	Lebensalter	Beschäftigungsdauer
7.200,- € (8.181,- € alt)	-	-
9.000,- € (10.226,- € alt)	ab 50 Jahren	mindestens 15 Jahre
11.000,- € (12.271,- € alt)	ab 55 Jahren	mindestens 20 Jahre

4.2 Für die Steuerpflicht gilt das **Zuflussprinzip**; dass heißt, übersteigt die Abfindung den einschlägigen Freibetrag, ist sie in dem Jahr zu versteuern, in dem sie dem Arbeitnehmer tatsächlich durch den Arbeitgeber ausgezahlt wird. Die Fälligkeit spielt dabei keine Rolle.

4.3 Soweit die Steuerfreibeträge überschritten sind, kommt eine **Steuerbegünstigung** – die so genannte **Tarifbegünstigung** – gemäß §§ 24, 34 Abs. 1 und 2 EStG in Betracht. An diesen Vorschriften hat der Gesetzgeber auch nach dem 01.01.2006 festgehalten. Während § 3 Nr. 9 EStG noch von Abfindung sprach, verwenden §§ 24 und 34 EStG den Begriff der Entschädigung. Beide Begriffe sind deckungsgleich. Gemäß § 24 Nr. 1 Buchst. a EStG gehören zu den Einkünften im Sinne des § 2 Abs. 1 EStG Entschädigungen, die als Ersatz für entgangene oder entgehende Einnahmen gewährt werden. Zahlungen, die nicht an die Stelle weggefallener Einnahmen treten, sondern zivilrechtlich Erfüllungsleistungen des ursprünglichen Arbeitsverhältnisses sind, sind keine Ersatzleistungen im Sinne des § 24 Nr. 1 Buchst. a EStG. Die Entschädigung ist allerdings nur tarifbegünstigt, wenn sie innerhalb des Veranlagungszeitraums, also regelmäßig in einem Jahr zufließen – so genannte **Zusammenballung**. Die **Tarifbegünstigung** bei einer echten Entschädigungszahlung kann daher regelmäßig nur bei einer **Einmalzahlung** greifen. Erfolgt die Zahlung hingegen in mehrer Teilbeträgen in verschiedenen Veranlagungszeiträumen, fehlt es an der durch § 34 Abs. 1 S. 1 EStG geforderten Zusammenballung. Bei einer Entschädigungszahlung, die sich auf zwei oder mehr Veranlagungszeiträume verteilt, kommt eine Anwendung des § 34 EStG daher grundsätzlich nicht in Betracht (BFH 11. Senat, Beschluss vom 25. Juli 2003, Az.: XI B 204/02; auch BFH 11. Senat, Urteil vom 21. April 1993, Az.: XI R 67/92).

> **Praxishinweis**: Das Gesetz zum Einstieg in ein steuerliches Sofortprogramm vom 22.12.2005 (BGBl. I, Nr. 76), mit dem die Steuerfreiheit von Abfindungen aufgehoben wurde, lässt die Tarifbegünstigung der Abfindungen unberührt.

4.4 Die Berechnung erfolgt nach der so genannten **Fünftel-Regelung**. Hierzu wird in einem ersten Schritt die Einkommensteuer für die übrigen Einkünfte, also ohne die Abfindungszahlung, berechnet. Sodann erfolgt die Berechnung der Einkommensteuer aus der Summe der übrigen Einkünfte und einem Fünftel der Abfindung. Die Steuerdifferenz aus den beiden Rechnungen wird in einem dritten Schritt mit 5 multipliziert und stellt die auf den Abfindungsbetrag entfallende Einkommensteuer dar.

4.5 **Steuerpflichtiger** ist der Arbeitnehmer. Sein Anspruch wird daher regelmäßig durch die Steuerlast geschmälert. Zwischen Arbeitgeber und Arbeitnehmer kann aber eine ausdrückliche Vereinbarung getroffen werden, wer die **Steuerlast** letztlich tragen soll. Vereinbaren die Parteien dabei ausdrücklich einen **Brutto** – Betrag, dann zementieren sie lediglich die den Arbeitnehmer treffende Steuerlast, mit der Konsequenz, dass der Arbeitnehmer hierauf noch die Steuerlast zu entrichten hat. Wird hingegen die Auszahlung eines **Netto** – Betrags vereinbart, soll letztlich der Arbeitgeber auch die Steuerlast tragen, so dass sich für diesen der Betrag entsprechend erhöht. Da die Vereinbarung der Steuerlast zulasten des Arbeitgebers im Innenverhältnis die Ausnahme ist, wird regelmäßig ein Abfindungsbetrag ohne Zusatz als Bruttobetrag auszulegen sein.

4.6 Die Abfindung unterliegt nicht der **Sozialversicherungspflicht**, sofern sich darin nicht versteckte Gehaltsanteile befinden.

5 Sonstige Aspekte

5.1 Die Abfindung unterliegt grundsätzlich der **Pfändbarkeit**. Die Pfändungsgrenzen für das Arbeitseinkommen im Sinne von § 850 ZPO sind nicht anwendbar. Pfändungsschutz kann der Arbeitnehmer deshalb nur erlangen, wenn er dies beim **Vollstreckungsgericht** beantragt. Nach § 850i ZPO hat das Gericht dem Arbeitnehmer von der

Abfindung so viel zu belassen, als er während eines angemessenen Zeitraums für seinen notwendigen Unterhalt und den seines Ehegatten, eines früheren Ehegatten, seiner unterhaltsberechtigten Verwandten oder eines Elternteils bedarf. Bei der Entscheidung sind die wirtschaftlichen Verhältnisse des Arbeitnehmers, insbesondere seine sonstigen Verdienstmöglichkeiten, frei zu würdigen.

5.2 Der Anspruch auf **Abfindung** verjährt in drei Jahren – § 195 BGB. Die **Verjährung** beginnt mit dem Schluss des Kalenderjahres, in dem der Abfindungsanspruch fällig wird.

5.3 Die Abfindungsklausel kann durch eine **Rückzahlungsklausel** ergänzt werden. Sieht ein Aufhebungsvertrag eine (Teil-) Rückzahlung der **Abfindung** für den Fall vor, dass der Arbeitnehmer eine Erwerbsunfähigkeitsrente bezieht, so hat der Arbeitnehmer auch dann eine Rückzahlung vorzunehmen, wenn die Rente rückwirkend bewilligt wird (BAG, Urteil vom 18. Oktober 1999, Az.: 6 AZR 288/98).

Normen
§§ 1, 1a, 9, 10, 23 KSchG, 111, 112, 112a BetrVG, 64 ArbGG, 128, 143 SGB III, 19 SGB V, 2, 3 Nr. 9, 24, 34, EStG, 850, 850i ZPO, 195, 271, 615 BGB.

§ 4 – Kündigungsrecht – Arbeitnehmer

Der Arbeitnehmer hat das Recht, den Arbeitsvertrag mit einer Ankündigungsfrist von ____ Tagen vorzeitig zu beenden. Eine solche vorzeitige Beendigung liegt im Interesse des Arbeitgebers. Im Falle des Ausscheidens vor dem in § 1 – Aufhebungsklausel genannten Zeitpunkt erhöht sich die dem Arbeitnehmer zu zahlende Abfindung um _____ € (brutto oder netto) (*oder* um das jeweils gesparte Bruttomonatsgehalt) pro Monat des vorgezogenen Ausscheidens. Die Berechnung der erhöhten Abfindung erfolgt auch anteilig für den Fall, dass das Arbeitsverhältnis nicht stichtagsgetreu mit dem Monatsende beendet wird.

Anmerkung

Das Recht des Arbeitnehmers, selbst das Arbeitsverhältnis früher beenden zu können, dient beiden Interessen. Der Arbeitnehmer erhält neben der vereinbarten Abfindung den vereinbarten Betrag als zusätzliche Abfindung. Auch diese zusätzliche Abfindung war im Rahmen des § 3 Nr. 9 EStG steuerfrei, auch kann die zusätzliche Abfindung unter den Voraussetzungen der §§ 24, 34 EStG tarifbegünstigt sein. Der Arbeitnehmer erhält sich damit die Flexibilität im Hinblick auf seinen beruflichen Werdegang und kann ohne jedes Risiko im Hinblick auf seine arbeitsvertraglichen Verpflichtungen bereits vor Ablauf der ordentlichen Kündigungsfrist einen neuen Job antreten. Der Arbeitnehmer kann damit seine Arbeitskraft für einen neuen Arbeitgeber einsetzen, ohne sich dem alten Arbeitgeber gegenüber möglicherweise schadensersatzpflichtig zu machen. Das vorzeitige Kündigungsrecht dient auch dem Arbeitgeber. Er trägt mit der Abfindung, ausgerichtet am Bruttolohn, kein zusätzliches finanzielles Risiko, zugleich erreicht der Arbeitgeber frühzeitig sein Ziel, Personal abzubauen und aus der Lohn- und Personalbuchhaltung auszugliedern.

§ 5 – Tantiemen, Provisionen und Gratifikationen

Dem Arbeitnehmer steht für das Vorjahr und das laufende Geschäftsjahr noch eine Tantieme [2.1]/Provision [3] aus den vermittelten Verträgen _____ zu. Zum Ausgleich dieser Tantiemeansprüche zahlt der Arbeitgeber dem Arbeitnehmer noch einen Betrag in Höhe von _____ € brutto. [2.1, 2.2] Der Arbeitnehmer erhält für die Vermittlung von Aufträgen eine Pauschalzahlung in Höhe von _____ € brutto zur Abgeltung seines Provisionsanspruchs. Der Arbeitnehmer erhält außerdem noch für das laufende Jahr das (…anteilige…) 13. Monatsgehalt [4.1] in Höhe von _____ € brutto (oder in Höhe von x/12 des 13. Monatsgehalt in Höhe von _____ €). Bereits erhaltene Gratifikationen kann der Arbeitgeber nicht zurück fordern [4.2]. Die Beträge werden mit der letzten Gehaltsabrechnung abgerechnet.

Stichwortverzeichnis

Gratifikation;	4.1
Gratifikation, Sonderzuwendung;	4.1
Gratifikation, Vergütungsbestandteil;	4.1
Provision;	3
Rückzahlungsklausel;	4.2
Tantieme;	2.1

Kommentierung

1   Wurde der Arbeitnehmer bisher am Gewinn beteiligt, beziehungsweise erhielt er Tantiemen und Gratifikationen, wie zum Beispiel Weihnachtsgeld, so ist im Aufhebungsvertrag zu regeln, ob oder in welcher Höhe diese Leistungen dem Arbeitnehmer im Zeitpunkt der Aufhebung des Arbeitsverhältnisses noch zustehen. Hierbei ist zu unterscheiden, um welchen zusätzlichen Lohnbestandteil es sich handelt.

2.1   Die **Tantieme** ist eine Beteiligung am gesamten Geschäftsgewinn des Unternehmens bzw. eines Teils desselben. Die Höhe der Beteiligung richtet sich nach der vertraglichen Vereinbarung. Berechnungsgrundlage ist normalerweise der jährliche Reingewinn. Der Anspruch auf die Tantieme wird fällig, sobald die Bilanz festgestellt ist beziehungsweise bei ordnungsgemäßem Geschäftsgang hätte festgestellt werden können. Endet das Arbeitsverhältnis im Laufe des Geschäftsjahres, ist grundsätzlich keine Zwischenbilanz zu erstellen. Die Jahresbilanz bleibt maßgebend. Der Anspruch mindert sich auf den dem Zeitraum der Beschäftigung entsprechenden Gewinnanteil. Gewinne und Verluste, die erst nach dem Ausscheiden des Arbeitnehmers eingetreten sind, dürfen berücksichtigt werden. Die anteilsmäßige Forderung wird ebenfalls erst nach Feststellung des Jahresabschlusses fällig.

2.2   Zur Behandlung einer noch zu zahlenden Tantieme stehen zwei Wege zur Verfügung:

- Die Rückzahlung wird pauschalisiert, d.h., es wird eine feste Summe gezahlt.
- Der Arbeitnehmer erhält ein festzulegendes Zwölftel eines zu bestimmenden Anteils des ausgewiesenen Jahresgewinns.

Der Zeitpunkt der Auszahlung wird im ersten Fall individuell festgelegt, im zweiten Fall soll die Auszahlung 14 Tage nach Ende des laufenden Geschäftsjahres und Erstellung der Bilanz erfolgen.

3   Erhält der Arbeitnehmer neben seiner Grundvergütung eine **Provision**, steht ihm diese grundsätzlich auch für die Geschäfte zu, die er vor der Beendigung des Arbeitsverhältnisses abgeschlossen beziehungsweise vermittelt hat. Außerdem hat der Arbeitnehmer einen Anspruch auf Provision für die Geschäfte, die innerhalb einer angemesse-

nen Frist nach der Beendigung des Arbeitsverhältnisses zustande kommen, wenn er das betreffende Geschäft vermittelt beziehungsweise es so eingeleitet und vorbereitet hat, dass der Abschluss des Geschäfts überwiegend auf seine Tätigkeit zurückzuführen ist.

4.1 **Gratifikationen** – wie Weihnachtsgeld oder 13. Monatsgehalt – können grundsätzlich auf der Grundlage von zwei unterschiedlichen Vereinbarungen gewährt werden; der Arbeitgeber kann damit allein die Betriebstreue des Arbeitnehmers – sowohl für die Vergangenheit als auch für die Zukunft – honorieren, dann stellt die Gratifikation eine **Sonderzuwendung** dar. Der Arbeitgeber kann damit aber auch geleistete Dienste abgelten, so dass die Gratifikation die Gegenleistung zur geleisteten Arbeit darstellt; in diesem Falle ist die Gratifikation **Vergütungsbestandteil**, der aufgespart wird. Die beiden Varianten können auch als Mischform vorkommen. Was die Parteien ursprünglich vereinbart haben, ist eine Frage der Auslegung der Rechtsgrundlage, die sich aus dem Tarifvertrag, dem Arbeitsvertrag oder einer Betriebsvereinbarung ergeben kann. Je nach Vereinbarung kann daher bei einem Ausscheiden vor der vereinbarten Fälligkeit im Arbeitsvertrag ein Anspruch auf diese Gratifikation vollständig entfallen. Dies ist namentlich dann der Fall, wenn es sich um eine Sonderzuwendung handelt (eine solche Auslegung wird durch eine Rückzahlungsklausel – vgl. Anm. 4.2 – im Arbeitsvertrag nahe gelegt). Hingegen behält der Arbeitnehmer den Anspruch auf die anteilige Gratifikation, wenn es sich um einen echten Vergütungsbestandteil handelt. Dann verliert der Arbeitnehmer diesen Anteil nicht durch Ausscheiden aus dem Betrieb vor der Fälligkeit der Gratifikation. Eine positive Regelung im Aufhebungsvertrag schafft daher in den Fällen der Sonderzuwendung zugunsten des ausscheidenden Arbeitnehmers erst den Anspruch auf Gewährung der Gratifikation. Im anderen Fall dient die Regelung der Rechtsklarheit und Rechtssicherheit.

4.2 In einem einschlägigen Arbeitsvertrag kann sich eine **Rückzahlungsklausel** für bereits erhaltene Gratifikationen finden. Solch eine Klausel regelt einen Stichtag (beispielsweise 31.05 des jeweiligen Folgejahres), bis zu dem ein Arbeitnehmer regelmäßig ungekündigt im Unternehmen weiterbeschäftigt sein muss, um eine bereits erhaltene Gratifikation behalten zu dürfen. Sie ist regelmäßig zentrales Kriterium, um eine Gratifikation als Sonderzuwendung auslegen zu können. Scheidet der Arbeitnehmer zwischen Erhalt der Gratifikation und noch während der Frist aus dem Unternehmen aus, hat er regelmäßig die Gratifikation zurück zu gewähren. Auch dieser Rückforderungsanspruch kann durch die Vereinbarung im Aufhebungsvertrag ausgeschlossen sein.

§ 6 – Spesenregelung

Eventuell noch ausstehende Reise- und Spesenabrechnungen [2] sind bis zum _____ abzurechnen. Ein eventuell bestehender Reise- oder Spesenvorschuss [1] muss bis zum _____ zurückgezahlt werden.

Stichwortverzeichnis

Arbeitsunfähigkeit;	2
aufwendungsspezifische Spesen;	2
Ausgleichsklausel;	3
Reisekosten;	2
Spesen;	2
Spesenpauschale;	2
Spesenvorschuss;	1

Kommentierung

1 Die Spesenregelung hat zwei wesensverschiedene Regelungsgegenstände. Zum einen können noch ausstehende **Reise- oder Spesenabrechnungen** geregelt werden – erfasst sind also noch Ansprüche des Arbeitnehmers. Zum anderen kann auch die Rückzahlung eines **Reise-** oder **Spesenvorschusses** Gegenstand einer Vereinbarung sein – erfasst sind hierbei noch Rückerstattungsansprüche des Arbeitgebers.

2 Der Regelungsbedarf hängt davon ab, was die Parteien hinsichtlich der Qualität der **Spesen** und **Reisekosten** geregelt haben. Regelungsbedarf besteht regelmäßig nur, wenn die Spesen und Reisekosten **aufwendungsspezifisch** gewährt werden und ggf. über einen Vorschuss abgedeckt werden. Sofern es sich hingegen um eine **Spesenpauschale** handelt, wird eine besondere Regelung regelmäßig nicht erforderlich sein, es sei denn, die Parteien sehen Regelungsbedarf bei der Freistellung. § 4 Abs. 1a EntgfortzG sieht insoweit eine Auslegungs-

hilfe vor, nachdem Spesen grundsätzlich aufwendungsspezifisch, also nur bei konkreten Anlass, gewährt werden. Dementsprechend entfällt ein Spesenanspruch auch während Zeiten der **Arbeitsunfähigkeit**. Auch dieser Aspekt kann zu Regelungsbedarf im Rahmen eines Aufhebungsvertrags führen, wenn der Arbeitnehmer während einer längeren Arbeitsunfähigkeit routinemäßig den Spesenvorschuss weiter erhält und danach das Arbeitsverhältnis wegen krankheitsbedingter Gründe durch Aufhebungsvertrag gelöst wird.

3   Treffen die Parteien keine Regelung, vereinbaren sie aber eine allgemeine **Ausgleichsklausel** wie in § 23 – Ausgleichsklausel vorgesehen, dann sind auch etwaige Spesenansprüche hiervon erfasst. Dazu zählen sowohl etwaige noch offenen Ansprüche des Arbeitnehmers als auch Ansprüche des Arbeitgebers, die sich aus Vorschüssen ergeben können.

§ 7 – Betriebliche Altersvorsorge (Ruhegeld/Vorruhestandsgeld)

Die Parteien sind sich darüber einig, dass dem Arbeitnehmer keine unverfallbare Anwartschaft [2.3, 2.7] auf betriebliche Altersvorsorge zusteht.[2.4]

oder

Mit Zusage vom _____ sind dem Arbeitnehmer Leistungen der betrieblichen Altersversorgung zugesagt worden. Soweit die Unverfallbarkeitsvoraussetzungen [2.3, 2.7] des § 1b BetrAVG erfüllt sind, wird der Arbeitgeber die Anwartschaften aufrechterhalten und dem Arbeitnehmer darüber eine Bescheinigung gem. § 2 Abs. 6 BetrAVG erteilen. [2.4]

oder

Zur Abgeltung der Anwartschaft besteht zwischen den Parteien Einigkeit darüber, die Altersrente gemäß § 3 Abs. 2 BetrAVG abzufinden [2.5]. Die Höhe [2.5, 2.6] der zu zahlenden Abfindung ist durch das Gutachten vom _____ ermittelt worden. Die Kosten des Gutachtens tragen die Parteien je zur Hälfte. [2.4]

Stichwortverzeichnis

Abfindungsverbot;	2.5
Ausgleichsklausel;	2.7, 2.8
Durchführungswege;	2.1
Dritte Säule;	1
Formen der betrieblichen Altersversorgung;	2.2
Höhe der unverfallbaren Anwartschaft;	2.6
Pfändungsschutz;	3
Quotierungsverfahren;	2.6
Tatsachenvergleich;	2.7
Unabdingbarkeit;	2.7
Unverfallbarkeit;	2.3
Verzicht, unverfallbare Anwartschaft;	2.7

Kommentierung

1 Überblick

In der Altersversorgung der Arbeitnehmer spielt die betriebliche Altersvorsorge als **dritte Säule** neben der gesetzlichen Rentenversicherung und der Eigenvorsorge eine beträchtliche Rolle. Die betriebliche Altersvorsorge liegt grundsätzlich in der Freiwilligkeit des Arbeitgebers. Das Regelungsgebiet ist sehr umfangreich; im Rahmen der Kommentierung der Klausel kann daher nur ein Überblick geboten werden. Geregelt ist die betriebliche Altervorsorge im Gesetz zur Verbesserung der betrieblichen Altersvorsorge (kurz: BetrAVG). Begrifflich ist die betriebliche Alterversorgung eine Anwartschaften auf Leistung, wenn der Versorgungsanspruch durch ein biologisches Ereignis (Alter, Invalidität oder Tod) ausgelöst wird und diese Leistung aus Anlass eines Arbeitsverhältnisses zugesagt wird – § 1 BetrAVG.

2 Arbeitsrechtliche Aspekte

2.1 Im BetrAVG finden sich die typischen **Durchführungswege**:

- unmittelbare Versorgungszusagen,
- Direktversicherungen,
- Entgeltumwandlungen,

- Pensions- und Unterstützungskassen und
- Pensionsfonds.

2.2 Formen der betrieblichen Altersvorsorge sind:
- laufende Renten,
- einmalige Kapitalauszahlungen,
- Nutzungsrechte oder
- Sachleistungen.

2.3 § 1b BetrAVG beinhaltet eine Regelung über die **Unverfallbarkeit** der betrieblichen Altervorsorge. Endet das Arbeitsverhältnis vor dem Eintritt des Versorgungsfalls, behält der Arbeitnehmer seine Anwartschaft, wenn das Arbeitsverhältnis nach Vollendung des 30. Lebensjahres endet und die Versorgungszusage zu diesem Zeitpunkt mindestens fünf Jahre bestanden hat (sog. unverfallbare Anwartschaft).

2.4 Abhängig von der Frage, ob dem Arbeitnehmer eine unverfallbare Anwartschaft zusteht oder nicht, bestehen bei der **Vertragsgestaltung** des **Aufhebungsvertrags** grundsätzlich drei Möglichkeiten mit einer Zusage zur betrieblichen Altersvorsorge umzugehen:

- dem Arbeitnehmer steht keine unverfallbarer Anwartschaft auf betriebliche Altersvorsorge zu – die Parteien stellen dies schlicht fest oder vereinbaren eine entsprechende Leistung; in diesem Falle handelt es sich regelmäßig um eine Abfindungsleistung, die nur aufgrund der Beendigung des Arbeitsverhältnisses gezahlt wird (vgl. hierzu § 3 – Abfindungsklausel, Anm. 1.3 zum Begriff der Abfindung und 2.1 zur Höhe der Abfindung),
- die gesetzlich unverfallbare Anwartschaft wird schlicht festgestellt und die Ansprüche bis zum Erreichen des biologischen Ereignisses (Alter, Invalidität oder Tod) aufrechterhalten – diese Regelung hat deklaratorischen Charakter oder
- die gesetzlich unverfallbare Anwartschaft wird in eine Abfindung umgewandelt – was wegen des grundsätzlichen Abfindungsverbots im Sinne von § 3 Abs. 1 S. 1 BetrAVG nur in den engen Grenzen des § 3 Abs. 1 S. 2 – 6 BetrAVG möglich ist.

2.5 Neben der Aufrechterhaltung einer betrieblichen Altervorsorgezusage entspricht es oft dem Wunsch beider Parteien, um sämtliche Rechtsbeziehungen endgültig und abschließend zu beenden, Anwartschaften auf betriebliche Altersversorgung im Rahmen von Aufhebungsvereinbarungen in Form einer **Abfindung** abzugelten. Gesetzlich **unverfallbare Versorgungsanwartschaften** unterliegen gemäß § 3 Abs. 1 BetrAVG aber grundsätzlich einem **Abfindungsverbot**. Die Ausnahmen regelt § 3 Abs. 1 S. 2 – 6 BetrAVG; die Vorschriften lassen eine Abfindung **geringfügiger Versorgungszusagen** zu. Einvernehmlich dürfen Arbeitgeber und Arbeitnehmer danach gemäß § 3 Abs. 1 S. 2 BetrAVG in Verbindung mit § 18 SGB IV eine Anwartschaft abfinden. § 3 Abs. 1 S. 3 Nr. 1 BetrAVG sieht dabei die Höchstgrenze für eine monatliche Abfindung in Höhe von 2 % sowie eine Höchstgrenze für eine Kapitalisierung in Höhe von 240 % bezogen auf die monatliche Bezugsgrenze des § 18 SGB IV vor; damit ist das Durchschnittsentgelt der gesetzlichen Rentenversicherung gemeint. Das Durchschnittsentgelt ist für die alten und die neuen Bundesländer unterschiedlich und betrug im Jahr 2004 in den alten Bundesländern 2.415,- € pro Monat (pro Jahr 28.980,- €) und in den neuen Bundesländern 2.030,- € pro Monat (pro Jahr 24.360,- €). Der Wert wird jeweils zum 01.01. neu festgesetzt (vgl. zu den jeweils neuen Grenzen unter: http://rsw.beck.de/rsw/upload/BC/Entgeltgrenzen2005.pdf). Diese Grenze aus § 3 Abs. 1 S. 3 Nr. 1 BetrAVG erhöht sich gemäß § 3 Abs. 1 S. 3 Nr. 2 BetrAVG, sofern der Abfindungsbetrag vom Arbeitgeber zur Zahlung von Beiträgen zur gesetzlichen Rentenversicherung oder zum Aufbau einer Versorgungsleistung bei einer Direktversicherung, Pensionskasse oder einem Pensionsfonds verwendet wird.

Übersicht: Höchstbeträge bei der Abfindung der betrieblichen Altersvorsorge

	alte Bundesländer	neue Bundesländer
Monatsrente	48,30 €	40,60 €
Kapitalleistung	5.796,- €	4.872,- €
Monatsrente (erhöht)	96,60 €	81,20 €
Kapitalleistung (erhöht)	11.592,- €	9.744,- €

Eine Abfindung ist auch möglich, wenn die Anwartschaft auf einer Entgeltumwandlung beruht und die Grenzwerte nicht überschritten werden. Wurden die Beiträge zur gesetzlichen Rentenversicherung erstattet, ist eine Abfindung auch ohne Einhaltung der Grenzwerte möglich.

2.6 Die **Höhe der unverfallbaren Anwartschaft** regelt sich beim vorherigen Ausscheiden des Arbeitnehmers gemäß § 2 Abs. 1 BetrAVG nach dem so genannten **Quotierungsverfahren**. Dabei muss der Anspruch mindestens dem Quotienten zwischen erreichter Betriebszugehörigkeit zu erreichbarer Betriebszugehörigkeit entsprechen:

Praxisbeispiel: Ein Arbeitnehmer hat mit Abschluss des Aufhebungsvertrags eine 10-jährige Betriebszugehörigkeit zurückgelegt, hätte der Arbeitnehmer die Regelaltersrechte mit 65 im Betrieb erlebt, wäre er dem Betrieb 40 Jahre zugehörig gewesen.

Formel:

$$\frac{\text{erreichte Betriebszugehörigkeit}}{\text{erreichbarer Betriebszugehörigkeit}} = \frac{10}{40} = \frac{1}{4}$$

In diesem Fall steht dem Arbeitnehmer ein Anspruch in Höhe von mindestens ¼ der vollen betrieblichen Altervorsorge zu.

2.7 Unverfallbare Anwartschaften stehen nicht zur Disposition, auf sie darf der Arbeitnehmer im Rahmen einer **Ausgleichsklausel** auch nicht durch einvernehmliche Regelungen im Rahmen eines Aufhebungsvertrags **verzichten** – hiervor schützt die Regelung über die **Unabdingbarkeit** im Sinne von § 17 Abs. 3 BetrAVG. Möglich sind jedoch **Tatsachenvergleiche**, bei denen sich die Parteien über die Voraussetzungen eines Ruhegeldanspruchs einigen.

2.8 Ansprüche auf eine betriebliche Altersversorgung werden durch **Ausgleichsklauseln** in Aufhebungsverträgen (sowie Ausgleichsquittungen und Vergleichen) grundsätzlich nicht berührt (OLG Köln, Urteil vom 27. Oktober 1999, Az.: 27 U 2/99, in: NZG 2000, 436-438). Auch Vereinbarungen zwischen Arbeitgeber und Arbeitnehmer über die Verrechnung künftiger Rentenansprüche mit Ansprüchen auf eine Abfindung nach §§ 9, 10 KSchG sind nichtig (§§ 3 BetrAVG, 134 BGB) (BAG, Urteil vom 24. März 1998, Az.: 3 AZR 800/96, in: DB 1998, 1340 = BB 1998, 1423-1424 = NZA 1998, 1280-1281).

3 Sonstige Aspekte

Ruhegelder genießen denselben **Pfändungsschutz** wie sonstiges Arbeitseinkommen – § 850 Abs. 2 ZPO.

Normen
§§ 1, 1a, 2, 3, 17 BetrAVG, 850 ZPO.

§ 8 – Direktversicherung

Auf das Leben des Arbeitnehmers ist bei der Versicherungsgesellschaft unter der Versicherungsnummer _____ ein Versicherungsvertrag abgeschlossen worden. Der Arbeitgeber überträgt diesen Versicherungsvertrag auf den Arbeitnehmer und verpflichtet sich, die dazu gegenüber der _____ Versicherungsgesellschaft notwendigen Erklärungen auf seine Kosten abzugeben. Der Arbeitgeber räumt dem Arbeitnehmer das Recht ein, die Direktversicherung fortzuführen.

Anmerkung

Als besondere Form der betrieblichen Altervorsorge schließt der Arbeitgeber mit einer Lebensversicherungsgesellschaft Versicherungsverträge zugunsten einzelner Mitarbeiter oder der gesamten Belegschaft. Die **Direktversicherung** regelt § 1b Abs. 2 BetrAVG. Der Vorteil der Direktversicherung liegt in § 16 Abs. 3 Nr. 2 BetrAVG begründet. Durch den Abschluss einer Direktversicherung entzieht sich der Arbeitgeber der Anpassungsüberprüfungspflicht des § 16 Abs. 1 BetrAVG. Diese Vorschrift verpflichtet die Arbeitgeber grundsätzlich, alle drei Jahre eine Anpassung der laufenden Leistungen der betrieblichen Altersorge zu prüfen und ggf. nach billigem Ermessen über eine Anpassung zu entscheiden. Mit der Beendigung des Arbeitsverhältnisses endet regelmäßig das Versicherungsverhältnis. Aus dem Versicherungsvertrag ergibt sich ein bestimmter Anwartschaftswert. Daneben berechnet sich aber der Anwartschaftswert auch aus dem Quotierungsverfahren gemäß

§ 2 Abs. 2 S. 1 BetrAVG. Sofern der Versicherungswert geringer ist als die Anwartschaft nach dem BetrAVG haftet der Arbeitgeber auf einen Ergänzungsanspruch, hiervon sieht § 2 Abs. 2 S. 2 BetrAVG eine Ausnahme vor, wenn drei Monate nach dem Ausscheiden des Arbeitnehmers das Bezugsrecht unwiderruflich wird, eine Abtretung oder Beleihung nicht vorhanden ist, die Überschussanteile von Anfang an nur zur Verbesserung der Versicherungsleistung verwendet werden und der ausgeschiedene Arbeitnehmer das **Recht zur Fortsetzung** der Versicherung mit eigenen Beiträgen hat.

§ 9 – Diensterfindungen

Der Arbeitnehmer erhält für die am ____ gemeldete Diensterfindung [1.1] eine Vergütung [1.2] in Höhe von _____ €. Weitere Ansprüche aufgrund des ArbnErfG bestehen nicht [1.3].

Stichwortverzeichnis

Diensterfindungen;	1.1
freie Erfindung;	1.1
gebundene Erfindung;	1.1
Lohnsteuerpflicht;	3
Schiedsstelle;	1.3
Sozialabgabepflicht;	2
Tarifbegünstigung;	3
Vergütung;	1.2

Kommentierung

1 Arbeitsrechtliche Aspekte

1.1 Diensterfindungen sind gemäß § 4 Abs. 2 ArbnErfG während der Dauer des Arbeitsverhältnisses gemachte Erfindungen. Die so genannte **gebundene Erfindung** ist abzugrenzen von der **freien Erfindung;** für die § 18 ArbnErfG eine besondere Mitteilungspflicht und § 19 ArbnErfG eine besondere Anbietungspflicht des Arbeitnehmers statuiert. § 1 ArbnErfG erfasst dabei alle Erfindungen von Arbeitnehmern im privaten und öffentlichen Dienst.

1.2   Nach § 9 ArbnErfG hat der Arbeitnehmer gegen den Arbeitgeber einen Anspruch auf angemessene **Vergütung**, sobald der Arbeitgeber die Diensterfindung unbeschränkt in Anspruch genommen hat. Die Art und Höhe der Vergütung soll in angemessener Frist nach Inanspruchnahme der Diensterfindung durch Vereinbarung zwischen dem Arbeitgeber und dem Arbeitnehmer festgestellt werden – § 12 ArbnErfG. Die begründeten Vergütungsansprüche für Erfindungen bleiben dem ausscheidenden Arbeitnehmer grundsätzlich erhalten. Der Arbeitgeber hat die Vergütung regelmäßig solange zu zahlen, wie das Schutzrecht besteht. Gleichwohl empfiehlt es sich, diese Ansprüche in die Aufhebungsvereinbarung aufzunehmen. Dadurch werden spätere Auseinandersetzungen über die Frage vermieden, ob eine von dem ausgeschiedenen Arbeitnehmer nach dem Ende des Arbeitsverhältnisses angemeldete Erfindung oder ein technischer Verbesserungsvorschlag noch während der Dauer des Arbeitsverhältnisses oder erst nach dessen Auflösung gemacht worden ist.

1.3   Auf das Arbeitnehmererfindungsgesetzt gestützte Klagen sind nur zulässig, wenn gemäß § 28 ArbnErfG zunächst eine gütliche Einigung vor der zuständigen **Schiedsstelle** durchgeführt wurde. Eine solche Schiedsstelle ist beim Patentamt München angesiedelt (weitere Infos: http://www.dpma.de/infos/schutzrechte/verfahren12.html.). Zuständig für etwaige Klagen sind die Landgerichte; die Arbeitsgerichte sind nur dann zuständig, wenn die Klage Ansprüche auf Leistungen einer festgesetzten Vergütung zum Gegenstand haben – § 2 Abs. 2 ArbGG.

2   Sozialrechtliche Aspekte

Die Vergütung für die Arbeitnehmererfindungen stellt Arbeitsentgelt im Sinne von § 14 SGB IV dar und führt daher zu **Sozialabgabepflicht**.

3   Steuerrechtliche Aspekte

Die Vergütung für die Arbeitnehmererfindungen unterliegt grundsätzlich der allgemeinen **Lohnsteuerpflicht** im Sinne von § 39b Abs. 3 EStG. Wird die Arbeitnehmererfindungen durch eine Einmalzahlung gegen den Willen des Arbeitnehmers abgefunden, kann die Einmalzahlung **tarifbegünstigt** im Sinne von §§ 24, 34 EStG sein; die Vergütung ist dann wie eine Entschädigung zu bewerten.

Normen
§§ 1, 4, 9, 12, 28, ArbnErfG, 2 ArbGG 39b, 24, 34, 39b Abs. 3 EStG.

§ 10 – Zeugnis

Der Arbeitgeber erteilt dem Arbeitnehmer ein wohlwollendes [2], qualifiziertes Zeugnis [3], welches sich auch auf Führung und Leistung [5] erstreckt. Der Arbeitnehmer ist berechtigt, hierzu einen Entwurf [7.4] vorzulegen, von dem der Arbeitgeber nur aus wichtigem Grund [7] abweichen darf. Das Arbeitszeugnis in der Anlage ist Gegenstand des Aufhebungsvertrags. Auf Wunsch des Arbeitnehmers ist ein Zwischenzeugnis [4] zu erteilen, welches sich ebenfalls an einem vom Arbeitnehmer vorgelegten Entwurf zu orientieren hat. Das Endzeugnis hat sich am Zwischenzeugnis zu orientieren. Auf etwaige Anfragen anderer Arbeitgeber wird der Arbeitgeber nur entsprechend dem erteilten Zeugnis Auskunft [8] erteilen.

Stichwortverzeichnis

Arbeitszeugnis;	1
Auskunft;	8
Erstellungsfrist;	9
Formulierungsrecht;	7.4
Leistung und Führung;	5
Schadensersatz;	7
Schlussfloskel;	3
Schlusszeugnis;	4
Verjährung;	10
Verwirkung;	10
Wahrheitsgrundsatz;	2
Wohlwollen;	2
Zeugnis, einfach;	3
Zeugnis, qualifiziert;	3
Zeugnisberichtigungsanspruch;	6
Zurückbehaltungsrecht;	11
Zwischenzeugnis;	4

Kommentierung

1   Der Anspruch auf Erteilung eines **Arbeitszeugnisses** ergibt sich aus § 109 GewO; flankierende Vorschriften finden sich in §§ 630 BGB, 8 BBiG. Der Anspruch erstreckt sich auf alle Arbeitnehmer, also auch auf Auszubildende, Praktikanten oder Personen, die mit dem Aufhebungsvertrag in Rente gehen. Es ergibt sich im Regelfall aber keine automatische Verpflichtung des Arbeitgebers, ein Zeugnis zu erteilen; lediglich in einem Ausbildungsverhältnis trifft den Arbeitgeber gemäß § 8 BBiG eine solche Verpflichtung. In den übrigen Fällen muss der Arbeitgeber das Zeugnis nur auf Anfrage erteilen. Es empfiehlt sich aber aus dem Gesichtspunkt der Rechtsklarheit die Zeugniserteilung ebenfalls zu regeln, zumal der Arbeitnehmer auch zu einem späteren Zeitpunkt das Zeugnis verlangen kann (zur Verjährung und Verwirkung vgl. unten unter Anm.: 10).

2   Der **Wahrheitsgrundsatz** steht regelmäßig mit dem Prinzip des **Wohlwollens** im Widerstreit. Der Wohlwollensgrundsatz ist ein Ausfluss aus der Treuepflicht des Arbeitgebers und verpflichtet ihn, den Arbeitnehmer in seinem künftigen beruflichen Werdegang möglichst nicht zu behindern.

3   § 109 GewO differenziert zwischen dem **einfachen Zeugnis** und dem **qualifizierten Zeugnis**. Das einfache Zeugnis bestätigt die Dauer und die Art der Beschäftigung, während das qualifizierte Zeugnis darüber hinaus eine Beurteilung der Leistung und der Führung des Arbeitnehmers enthält. Das einfache Zeugnis ist der gesetzliche Normalfall, das qualifizierte Arbeitszeugnis hat der Arbeitgeber hingegen nur auf Verlangen des Arbeitnehmers zu erteilen. Das qualifizierte Zeugnis ist aber als Bewerbungsunterlage der Normalfall, liegen nur einfache Zeugnisse – insbesondere bei nicht nur kurzfristigem Arbeitsverhältnis – vor, öffnet das Spielraum für Spekulationen über die Leistungsfähigkeit des Arbeitnehmers. Das qualifizierte Zeugnis beinhaltet zudem regelmäßig noch eine **Schlussfloskel**, die Dank für geleistete Dienste und Glück für den künftigen beruflichen Werdegang erfasst; auf die Schlussformel besteht aber aus rechtlicher Hinsicht kein Anspruch.

4   Ist eine längere Auslauffrist vereinbart, kann der Inhalt eines **Zwischenzeugnisses** vereinbart und ergänzend bestimmt werden, dass das Schlusszeugnis entsprechend lauten soll. Zwar besteht ein Zeugnis-

anspruch nach der Formulierung des § 109 GewO erst mit Beendigung. Neben dem **Schlusszeugnis** kann der Arbeitnehmer aber auch ein Zwischenzeugnis während des bestehenden Arbeitsverhältnisses beanspruchen, sofern ihm ein besonderes Interesse zur Seite steht. Dies ist regelmäßig der Fall, wenn der Arbeitnehmer sich um eine neue Stelle bewirbt. Diese Situation ist faktisch immer bei Abschluss eines Aufhebungsvertrags gegeben.

5   Ein qualifiziertes Zeugnis muss neben Angaben über die Art und Dauer des Dienstverhältnisses auch Angaben über **Leistung und Führung** des Arbeitnehmers enthalten. Die Angaben über Leistungen und Führung müssen sich über die gesamte Dauer des Dienstverhältnisses erstrecken und alle wesentlichen Tatsachen und Bewertungen beinhalten, die für eine Gesamtbeurteilung des Arbeitnehmers von Bedeutung und für Dritte von Interesse sind.

6   Grundsätzlich ist ein Zeugnis zu korrigieren, wenn es unrichtig oder unvollständig ist, aber auch wenn die Form nicht eingehalten wurde. Den **Zeugnisberichtigungsanspruch** kann der Arbeitnehmer gerichtlich durchsetzen. Es ist daher ratsam, der Aufhebungsvereinbarung einen Zeugnistext als Anlage beizufügen.

7   Bei unrichtigen, unvollständigen oder verspätet ausgestellten Arbeitszeugnissen kann den Arbeitgeber eine Verpflichtung zum **Schadensersatz** treffen, die je nach Lage des Falles sowohl gegenüber dem scheidenden Arbeitnehmer bestehen kann wie auch gegenüber künftigen Arbeitgebern und gegenüber Dritten.

7.1   Der Arbeitnehmer kann vom Arbeitgeber Ersatz für den Schaden verlangen, der ihm durch die Verweigerung eines Zeugnisses, durch die verspätete Ausstellung oder durch sachlich unrichtige oder unvollständige Angaben im Zeugnis entstehen. Hierbei wird es sich normalerweise um den Ersatz für entgangenen Verdienst handeln.

7.2   Spätere Arbeitgeber können den Aussteller eines Zeugnisses dann in Anspruch nehmen, wenn ihnen durch eine unrichtige – in der Regel zu positive – Beurteilung des ausscheidenden Arbeitnehmers oder unvollständige Angaben über sein Verhalten ein Schaden entsteht. Erforderlich ist aber ein tatsächlich entstandener Schaden beim neuen

Arbeitgeber. Solche Fallkonstellationen ergeben sich regelmäßig nur bei strafrechtlich relevantem Verhalten des Arbeitnehmers in vertrauensvoller Stellung (Unterschlagung durch den Buchhalter).

7.3 Als Dritter kann namentlich die Agentur für Arbeit Schadensersatzansprüche geltend machen, wenn sie Leistungen nach dem SGB III erbringen muss, weil der ausgeschiedene Arbeitnehmer infolge eines nicht erteilten oder nicht berichtigten Zeugnisses am Arbeitsmarkt keine neue Stellung findet (vgl. auch unter Anm. 11 – Zurückbehaltungsrecht).

7.4 Soweit dem Arbeitgeber wegen der Verletzung des **Wahrheitsgrundsatzes** keine Schadenersatzverpflichtung droht, empfiehlt es sich wegen des **Wohlwollensgrundsatzes**, über einen Zeugnisanspruch keinen Streit aufkommen zu lassen. Es besteht zwar kein **Formulierungsrecht** des Arbeitnehmers, dieses Recht kann ihm aber durch die Vertragsklausel eingeräumt werden. Ein solches Recht reduziert dabei das Risiko eines späteren isolierten Zeugnisstreits erheblich. Allerdings öffnet das Recht zur Selbstformulierung auch wesentliche Risiken für den Arbeitnehmer, überzogene Formulierungen werden von Personalfachleuten des künftigen möglichen Arbeitgebers schnell entdeckt.

8 Grundsätzlich ist der Arbeitgeber auch berechtigt, potentiellen neuen Arbeitgebern eine erbetene **Auskunft** über den scheidenden Arbeitnehmer zu geben. Hierbei hat sich der Arbeitgeber aber an die gleichen rechtlichen Grundsätze zu halten, die auch für die Zeugniserteilung gelten. Insoweit steckt das im Rahmen des Aufhebungsvertrags erteilte Zeugnis auch den Rahmen solcher Auskünfte ab.

9 Vereinbaren die Parteien im Aufhebungsvertrag die Zeugniserteilung, dann hat der Arbeitgeber dies regelmäßig unverzüglich zu veranlassen, die **Erstellungsfrist** beträgt daher regelmäßig nur wenige Tage. Ein Zeugnis als Anlage des Aufhebungsvertrag unterbindet jedes Risiko einer Verspätung.

10 Der Anspruch auf Zeugniserteilung unterliegt gemäß § 195 BGB der **Verjährung** innerhalb von drei Jahren, allerdings gibt es auch eine umfangreiche Kasuistik in der Rechtsprechung zur **Verwirkung** des Zeugnisanspruchs. Die Verwirkungsfristen sind dabei eine Frage des

Einzelfalls und in der Regel mit einigen wenigen Monaten deutlich kürzer bemessen als die Verjährungsfrist, wobei ein Zeugnisberichtigungsanspruch mit etwa drei Monaten regelmäßig einer noch kürzeren Verwirkung unterliegt als der Ersterteilungsanspruch. Beim Zeugnisberichtigungsanspruch kann der Arbeitgeber darauf vertrauen, dass der Arbeitnehmer das einmal erteilte Arbeitszeugnis zügig prüft und seine Rechte auf Zeugnisberichtigung ebenso zügig anmeldet. Eine Zeugnisregelung im Aufhebungsvertrag ist daher aus dem Gesichtspunkt der Rechtsklarheit wegen der nicht klar abgrenzbaren Verwirkungsfrist sinnvoll.

11   Es besteht kein **Zurückbehaltungsrecht** am Arbeitszeugnis zugunsten des Arbeitgebers. Dies widerspricht der Fürsorgepflicht des Arbeitgebers, die insoweit auch nach Beendigung des Arbeitsverhältnisses nachwirkt, als der Arbeitgeber den Arbeitnehmer in seinem beruflichen Fortkommen nicht hindern darf. Der Arbeitgeber setzt sich in diesem Falle sogar dem Risiko eines Schadenersatzanspruchs der Agentur für Arbeit aus, die für den Arbeitnehmer Arbeitslosengeld zu zahlen hat, obwohl er mit Zeugnis möglicherweise eine neue Anstellung gefunden hätte (vgl. Anm. 7.3).

Normen
§§ 109 GewO, 630 BGB, 8 BBiG, 195 BGB.

§ 11 – Arbeitspapiere

Die ausgefüllten Arbeitspapiere [1] – Urlaubsbescheinigung, Arbeitsbescheinigung [2.1], Sozialversicherungsausweis, Lohnsteuerkarte [3] – stellt der Arbeitgeber dem Arbeitnehmer bis zum _____ [4.1] zur Verfügung. Der Arbeitnehmer ist berechtigt und verpflichtet, die Arbeitspapiere ab dann im Personalbüro abzuholen [4.4].

Stichwortverzeichnis

Arbeitsbescheinigung;	2.1
Arbeitspapiere;	1
Fälligkeit;	4.1
Holschuld;	4.4
Lohnsteuerkarte;	3

sachliche Zuständigkeit; 2.2
Schadenersatzansprüche; 2.1
Verjährung; 4.2
Zurückbehaltungsrecht; 4.3

Kommentierung

1 Überblick

Bei Beendigung eines Arbeitsverhältnisses hat der Arbeitgeber die **Arbeitspapiere** an den Arbeitnehmer herauszugeben. Dazu gehören vor allem:

- Urlaubsbescheinigung – § 6 Abs. 2 BUrlG,
- Arbeitsbescheinigung – § 312 SGB III,
- Sozialversicherungsausweis – § 286 SGB VI,
- Lohnsteuerkarte – § 39 b Abs. 1 EStG, wenn das Arbeitsverhältnis vor dem Jahresende endet.

Die Aufzählung ist nicht abschließend. Es kommen darüber hinaus in Betracht das Gesundheitszeugnis im Lebensmittelgewerbe, die Lohnnachweiskarte und die Urlaubskarte im Baugewerbe, eventuell eine Arbeitserlaubnis bei ausländischen Arbeitnehmern, Seefahrt- und Schifffahrtsbuch; ggf. Unterlagen über die vermögenswirksamen Leistungen.

2 Sozialrechtliche Aspekte

2.1 Die **Arbeitsbescheinigung** ist ein Vordruck der Bundesagentur für Arbeit. Hierauf hat der Arbeitgeber alle Tatsachen zu bescheinigen, die für die Entscheidung über den Anspruch auf Arbeitslosengeld erheblich sein können; hierzu zählen insbesondere Art der Tätigkeit des Arbeitnehmers, Beginn, Ende, Unterbrechung und Grund für die Beendigung des Arbeitsverhältnisses sowie das Arbeitsentgelt und sonstige Geldleistungen, die der Arbeitnehmer erhalten oder zu beanspruchen hat. Abfindungen sind ebenfalls gesondert auszuweisen. Verletzt der Arbeitgeber diese öffentlich-rechtliche Verpflichtung, bescheinigt er etwa unrichtige Daten und bewilligt die Bundesagentur für Arbeit daraufhin dem Versicherten Leistungen, auf die kein Anspruch besteht, können den Arbeitgeber unter Umständen **Schadensatzansprüche** der Bundesagentur für Arbeit treffen – § 321 Nr. 1 SGB III.

2.2 Der Arbeitnehmer hat einen einklagbaren Anspruch auf Herausgabe einer ausgefüllten Arbeitsbescheinigung. Die **sachliche Zuständigkeit** des Fachgerichts richtet sich nach dem Begehren des Arbeitnehmers. Für die Durchsetzung des **Herausgabeanspruchs** sind die **Arbeitsgerichte** zuständig. Füllt der Arbeitgeber die Arbeitsbescheinigung falsch aus und begehrt der Arbeitnehmer die **Korrektur,** sind hingegen die **Sozialgerichte** zuständig. Eine solche Klage ist aber regelmäßig mangels Rechtsschutzbedürfnis unzulässig, da der Arbeitnehmer gegen etwaige belastende Verwaltungsakte – insbesondere Sperrzeitbescheide der Agentur für Arbeit – mittels der Anfechtungsklage vor den Sozialgerichten gesondert vorgehen kann. Hierbei werden dann im Rahmen des Amtsermittlungsgrundsatzes, der im Verfahren vor dem Sozialgericht gilt, auch die falschen Angaben in der Arbeitsbescheinigung Gegenstand sein. Sofern der Arbeitnehmer sich in einem sozialgerichtlichen Prozess nicht durchsetzen kann, bleibt ihm ein möglicher Anspruch auf Schadenersatz gegen den Arbeitgeber, der wiederum vor den Arbeitsgerichten verhandelt wird.

3 Steuerrechtliche Aspekte

Auf der **Lohnsteuerkarte** hat der Arbeitgeber die Beschäftigungszeit, den Verdienst einschließlich der Sachbezüge und auch den Einbehalt der Lohn- und Kirchensteuer (Lohnsteuerbescheinigung) zu dokumentieren. Auf die Lohnsteuerbescheinigung kann der Arbeitnehmer vor dem Arbeitsgericht klagen. Sofern der Arbeitnehmer die Korrektur einer Lohnsteuerkarte verfolgt, sind ebenfalls die Arbeitsgerichte zuständig, soweit sie nicht die Höhe der Besteuerung betreffen. In diesem Fall und bei einer unrichtigen Lohnsteuerbescheinigung sind hingegen die Finanzgerichte zuständig. Bei einer unrichtigen Lohnsteuerbescheinigung kann sich der Arbeitnehmer an das Finanzamt wenden – § 42e EStG – das nach §§ 328 ff AO die Berichtigung erzwingen kann. Dieser Antrag ist vorrangig vor dem gerichtlichen Rechtsschutz. Ohne den Antrag wäre eine entsprechende Klage mangels Rechtsschutzbedürfnis bereits unzulässig.

4 Sonstige Aspekte

4.1 Die **Fälligkeit** des Herausgabeanspruchs fällt mit der tatsächlichen Beendigung des Arbeitsverhältnisses zusammen.

4.2   Die **Verjährung** des Herausgabeanspruchs beträgt gemäß § 195 BGB drei Jahre.

4.3   Es besteht kein **Zurückbehaltungsrecht** an den Arbeitspapieren zugunsten des Arbeitgebers; der Arbeitgeber soll den Arbeitnehmer damit nicht zur Arbeitserfüllung zwingen können, außerdem dienen die Arbeitspapiere im Wesentlichen der Bestimmung und Erfüllung öffentlich rechtlicher Ansprüche.

4.4   Der Arbeitnehmer hat grundsätzlich die Pflicht, die Arbeitspapiere im Beschäftigungsbetrieb abzuholen – § 269 BGB (**Holschuld**). Der Arbeitgeber ist nicht verpflichtet die Arbeitspapiere zu übersenden.

Normen
§§ 6 Abs. 2 BUrlG, 312, 321 Nr. 1 SGB III, 286 SGB VI, 39 b Abs. 1, 42e EStG.

§ 12 – Dienstwagen

Der Arbeitnehmer darf den zur Verfügung gestellten Dienstwagen mit dem amtlichen Kenzeichen: _____ auch weiterhin bis zur Beendigung des Arbeitsverhältnisses zu privaten Zwecken [1.1, 1.4] nutzen. In Abweichung der bisher geltenden Vereinbarung wird der Arbeitnehmer künftig für den Verbrauch von Kraft- und Schmierstoffen selbst aufkommen. Er wird den Dienstwagen am _____ (oder bei Beendigung des Arbeitsverhältnisses [1.1]) in ordnungsgemäßem Zustand mit allen Fahrzeugpapieren und sämtlichen Schlüsseln am Sitz des Arbeitgebers übergeben. [1.1]

oder

Die Parteien sind sich darüber einig, dass der Arbeitnehmer den Wagen (*ggf.* unentgeltlich [1.3]) ab dem _____ übernehmen soll [1.3]. Hierbei gilt ein Kaufpreis in Höhe von _____ (der Buchwert) als vereinbart. Gegenstand dieser Vereinbarung ist der gesondert abgeschlossene Kaufvertrag vom _____ .

Stichwortverzeichnis

Ausgleichszahlung;	1.4
dienstliche Zwecke;	1.1
Herausgabeanspruch;	1.1
Nutzungsausfallentschädigung;	1.4
private Zwecke;	1.1
Sanden/Danner/Küppersbusch;	1.4
Steuer;	2
Übernahmevereinbarung;	1.3
unbezahlte Freistellung;	1.2

Kommentierung

1 Arbeitsrechtliche Aspekte

1.1 Nutzt der Arbeitnehmer einen ihm vom Arbeitgeber überlassenen Dienstwagen, trifft ihn mit dem Ende des Arbeitsverhältnisses grundsätzlich der **Herausgabeanspruch**. Bei einer Freistellung (widerruflich und unwiderruflich) des Arbeitnehmers während der Auslauffrist darf der Arbeitgeber die Herausgabe des überlassenen Fahrzeugs jederzeit verlangen, sofern der Dienstwagen ausschließlich zu **dienstlichen Zwecken** überlassen wurde; der Herausgabeanspruch ergibt sich aus der Eigentümerposition (§ 985 BGB) des Arbeitgebers; der Arbeitnehmer hat an dem nur zu dienstlichen Zwecken überlassenen Dienstwagen kein Recht zum Besitz. Dagegen darf der Arbeitnehmer den Wagen grundsätzlich bis zum Ende des Arbeitsvertrags zu den vereinbarten Bedingungen behalten, wenn ihm seine Verwendung (auch) für **private Zwecke** vertraglich zugestanden worden ist. Der Arbeitgeber hat auch dann bis zum Ende des Arbeitsverhältnisses die Unterhalts- und Reparaturkosten zu tragen.

1.2 Da die Privatnutzung Vergütungsbestandteil ist, entfällt das private Nutzungsrecht dann, wenn die Parteien eine **unbezahlte Freistellung** vereinbart haben. Eine vertragliche Klarstellung des sofortigen Herausgabeanspruchs ist aber zweckmäßig.

1.3 Da sich der Arbeitnehmer oft an seinen Dienstwagen gewöhnt hat und mangels eines eigenen PKWs auf den Dienstwagen angewiesen ist, kann die **Übernahme** des Wagens vereinbart werden. Die Parteien sind frei darin, ob die Übernahme entgeltlich oder unentgeltlich erfolgen soll.

1.4 Falls eine Übernahme nicht vereinbart werden soll und bei einer Privatnutzung auch eine Weiternutzung bis zum Beendigungszeitpunkt nicht erfolgen soll, kann der Arbeitgeber sich auch zu einer **Ausgleichszahlung** für die Privatnutzung verpflichten. Als Maßstab hierfür kann die **Nutzungsausfallentschädigung** anhand der Tabelle **Sanden/Danner/Küppersbusch** ermittelt werden (die Tabelle lässt sich bestellen unter http://www.juris.de/jportal/navigation/Produkte/Arbeitshilfen.jsp) Hierbei ist aber zu berücksichtigen, dass die private Nutzung nur einen Anteil ausmacht und nicht der volle Tagesbetrag in Ansatz gebracht zu werden braucht.

2 Steuerrechtliche Aspekte

Wird dem Arbeitnehmer ein Dienstwagen zur Verfügung gestellt, den er auch privat nutzen darf, ist die private Nutzungsmöglichkeit wie ein zusätzlicher Lohnbestandteil zu behandeln und entsprechend zu versteuern. Übernimmt der Arbeitnehmer den Dienstwagen zu einem ermäßigten Preis oder unentgeltlich, handelt es sich hierbei um einen geldwerten Vorteil, durch den Steuern anfallen, die der Arbeitnehmer zu tragen hat.

§ 13 – Dienstwohnung

Der Arbeitnehmer darf die zur Verfügung gestellte Dienstwohnung auch weiterhin bis zur Beendigung des Arbeitsverhältnisses zu privaten Zwecken nutzen. Der Arbeitgeber überlässt dem Arbeitnehmer die bisher als Werkwohnung benutzten Räume _____ weiterhin unter folgenden Bedingungen _____ .

Anmerkung

Werkwohnungen werden mit Rücksicht auf das Bestehen des Arbeitsverhältnisses mit oder ohne gesonderten Mietvertrag überlassen. Letzteres ist häufig bei Pförtnern oder Hausmeistern der Fall. Bei der Beendigung des Arbeitsverhältnisses durch den Aufhebungsvertrag sind grundsätzlich zwei wesensverschiedene Nutzungsformen solcher Werkwohnungen zu unterscheiden:

- Werkmietwohnung und
- Werkdienstwohnung.

Die **Werkmietwohnung** unterliegt einem eigenständigen Mietvertrag, der getrennt vom Arbeitsvertrag abgeschlossen ist. Die **Werkdienstwohnung** hingegen ist Vertragsbestandteil des Arbeitsvertrags. Diese Differenzierung traf das BGB in den §§ 565a bis 565e BGB; diese Vorschriften sind jedoch mit Wirkung vom 1.9.2001 aufgehoben worden; entsprechende Vereinbarungen der Parteien haben aber weiterhin Gültigkeit. Die Beendigung des Arbeitsverhältnisses durch den Aufhebungsvertrag zieht bei einer Werkmietwohnung mit gesonderten Mietvertrag nicht automatisch auch die Beendigung des Mietverhältnisses nach sich. Die Parteien müssen sich daher hierüber – über eine mögliche Weiternutzung oder eine Beendigung des Mietvertrags mit der Rückgabe des Mietobjekts – gesondert verständigen. Bei der Werkdienstwohnung hingegen endet das Nutzungsrecht mit der Beendigung des Arbeitsverhältnisses, es sei denn, die Parteien vereinbaren ausdrücklich die Weiternutzung. Soll der Arbeitnehmer die Wohnung weiterhin bewohnen dürfen, sollten die genauen Umstände der Weiternutzung ggf. in einem gesonderten und in Bezug zu nehmenden Mietvertrag festgelegt werden.

§ 14 – Unternehmenseigentum

Die Parteien dieser Vereinbarung werden spätestens am _____ (*oder bei Beendigung des Arbeitsverhältnisses*) im wechselseitigen Eigentum stehende Unterlagen und Gegenstände an die jeweilige andere Vertragspartei herausgeben [2]. Der Arbeitnehmer verpflichtet sich, spätestens bis zu diesem Zeitpunkt auf ihm gehörenden Datenträgern gespeicherte Daten und Programme auf die EDV-Anlage des Arbeitgebers zu übertragen und anschließend die Daten bei sich zu löschen. Dadurch ausgelöste Kosten trägt der Arbeitgeber.

oder

Der Arbeitnehmer wird spätestens bis zu seinem Ausscheiden alle in seinem Besitz befindlichen Geschäfts- und Arbeitsunterlagen sowie Arbeitsmittel [1] zurückgeben [2], insbesondere: _____ .

Stichwortverzeichnis

Arbeitsmittel; 1
Herausgabeanspruch; 2
Zurückbehaltungsrecht; 3

Anmerkung

1 Nach Beendigung des Arbeitsverhältnisses hat der Arbeitnehmer die ihm zur Verfügung gestellten **Arbeitsmittel** an den Arbeitgeber wieder herauszugeben. Hierzu gehören:

- Werkzeuge,
- Geschäftsunterlagen,
- Dienstwagen (s.o. § 5 – Dienstwagen).

2 Der **Herausgabeanspruch** ergibt sich aus der Eigentümerposition gemäß § 985 BGB aber auch aus der schuldrechtlichen Verpflichtung, nach Beendigung des Arbeitsverhältnisses zweckgebunden überlassene Arbeitsmittel herauszugeben.

3 Dem Arbeitnehmer steht grundsätzlich kein **Zurückbehaltungsrecht** zu. Falls Streit über die im Besitz des Arbeitnehmers befindlichen Arbeitsmittel besteht, kann der Arbeitgeber den Arbeitnehmer auf Auskunft und Abgabe einer eidesstattlichen Versicherung verklagen. Die Klausel dient dazu, solche Streitigkeiten zu umgehen.

Normen
§ 985 BGB.

§ 15 – Arbeitgeberdarlehen

Der Arbeitnehmer hat vom Arbeitgeber am _____ ein Darlehen von _____ € erhalten. [1] Der Arbeitnehmer hat bis heute _____ € zurückgezahlt. Der Restbetrag in Höhe von _____ € hat der Arbeitnehmer in ____ gleichen Raten zu je _____ € beginnend mit dem _____ an den Arbeitgeber zurückzuzahlen. Der Arbeitnehmer ist damit einverstanden, dass ab der Beendigung des Arbeitsverhältnisses die marktüblichen Darlehenszinsen gelten. Kommt der Arbeitnehmer mit zwei aufeinander folgenden Raten mit mehr als 14 Tagen trotz nochmaliger Aufforderung des Arbeitgebers in Verzug, wird der gesamte Restbetrag einschließlich der bis zu diesem Zeitpunkt anfallenden Zinsen auf einmal[3] fällig.

oder

Der Restbetrag in Höhe von _____ € hat der Arbeitnehmer in einem Gesamtbetrag am _____ (*oder* mit Ende des Arbeitsverhältnisses [2]) an den Arbeitgeber zurück zu zahlen.

Stichwortverzeichnis

Beendigung;   1
Darlehensvertrags;   1
Gesamtfälligstellung;   3
vorzeitige Fälligstellung;   2

Kommentierung

1   Wenn keine besonderen Regelungen über die **Beendigung** des **Darlehensvertrags** (§ 607 BGB) im Darlehensvertrag selber geregelt sind, beendet der Aufhebungsvertrag regelmäßig nicht auch den Darlehensvertrag. Der Fortbestand des Arbeitsverhältnisses ist nicht zwangsläufig Geschäftsgrundlage des Darlehensvertrags. Dies gilt namentlich dann, wenn ein fester, späterer Rückzahlungstermin oder Ratenzahlung vereinbart wurde. Damit muss auch über den Darlehensvertrag im Aufhebungsvertrag eine Regelung getroffen werden. Denkbar sind folgende Regelungen:

- Anhebung des Zinsniveaus auf das marktübliche Niveau,

- vorzeitige Fälligkeit und Rückzahlung des gesamten restlichen Darlehensbetrags (ggf. durch neu festgesetzte höhere Ratenzahlung).

2   Die **vorzeitige Fälligstellung** kommt in Betracht, wenn zur Rückführung des Darlehens ursprünglich eine Aufrechnung mit laufenden Lohnleistungen in den Pfändungsgrenzen des § 394 BGB in Verbindung mit § 850c ZPO vereinbart war. Mit Beendigung des Arbeitsverhältnisses entfällt der Lohnanspruch und damit die Möglichkeit zur Rückführung des Darlehens. Allerdings kann in diesem Fall der Arbeitnehmer zur Sicherstellung der Rückführung des Darlehens auch dem Arbeitgeber die zukünftigen Entgeltansprüche gegen jeden neuen Arbeitgeber bis zur Höhe des jeweils pfändungsfreien Betrags abtreten.

3   Bei einer vereinbarten Ratenzahlung können die Parteien auch die **Gesamtfälligstellung** bei Teilzahlungsdarlehen gemäß § 498 BGB vereinbaren, wenn der Arbeitnehmer mit mindestens zwei aufeinander folgenden Teilzahlungen ganz oder teilweise und mindestens 10 Prozent, bei einer Laufzeit des Verbraucherdarlehensvertrags über drei Jahre, mit 5 Prozent des Nennbetrags des Darlehens in Verzug ist. Der Arbeitgeber hat dem Arbeitnehmer erfolglos eine zweiwöchige Frist zur Zahlung zu setzen.

Normen
§§ 394, 498, 607 BGB, 850c ZPO.

§ 16 – Aus- und Fortbildungskosten

Der Arbeitnehmer verpflichtet sich, die Kosten für den Lehrgang _____ anteilig in Höhe von _____ € (entspricht x/36 2 der gesamten Lehrgangskosten) zurückzuzahlen.

Stichwortverzeichnis

Berufsausbildungsverhältnis;	2
Fortbildungsmaßnahmen;	1
Höchstbindungsdauer;	2
Rückzahlungsklausel, wirksam;	2
Rückzahlungsquote;	2

Kommentierung

1 **Ausbildungs-, Fortbildungs- und Umschulungsmaßnahmen** sind im Berufsleben weit verbreitet. Träger der teilweise kostspieligen Maßnahmen sind zum großen Teil die Arbeitgeber. Ist ein Arbeitnehmer in den Genuss einer solchen Maßnahme gelangt und wird später das Arbeitsverhältnis beendet, stellt sich die Frage, ob dem Arbeitgeber ein Rückforderungsanspruch hinsichtlich der von ihm aufgewandten Kosten zusteht.

2 Voraussetzung für eine Rückforderung in der Aufhebungsvereinbarung ist eine **wirksame Rückzahlungsklausel**. In einem **Berufsausbildungsverhältnis** ist eine Rückzahlungsklausel für die Kosten der Berufsaubildung gemäß §§ 5 Abs. 2, 19 BBiG nichtig. Das Verbot erfasst alle zum Ausbildungsberuf hinführenden Bildungsmaßnahmen; namentlich beispielsweise auch der Führerscheinerwerb. In allen übrigen Fällen gilt zum Schutze der freien Berufswahl eine Einschränkung der Vertragsfreiheit zugunsten des Arbeitnehmers. Eine solche Klausel ist im **normalen Arbeitsverhältnis** dann unwirksam, wenn sie in das Grundrecht des Arbeitnehmers, den Arbeitsplatz frei zu wählen, eingreifen, weil und soweit der Arbeitnehmer wegen einer hohen Rückforderung eine berufliche Alternative bei einem neuen Arbeitgeber nicht antritt. Eine solche unangemessene Bindung an den alten Arbeitgeber ist durch eine Abwägung der Arbeitgeber- mit den Arbeitnehmerinteressen zu beurteilen. **Zulässig** sind solche Rückzahlungsklauseln vor allem dann, wenn dem Arbeitnehmer eine wirtschaftliche, den Marktwert seiner Arbeitskraft erhöhende Ausbildung zugeflossen ist. Die Rückzahlungsverpflichtung trifft den Arbeitnehmer aber auch dann nicht fortwährend. Es gilt vielmehr eine **Höchstbindungsdauer** von drei Jahren. Sofern nach Abschluss der Fortbildungsmaßnahme bereits drei Jahre vergangen sind, ist davon auszugehen, dass sich die Fortbildungsmaßnahme und die damit verbundenen Ausgaben für den Arbeitgeber amortisiert haben. Es ist daher üblich die **Rückzahlungsquote** anteilig um je 1/36 pro Monat nach Abschluss der Fortbildungsmaßnahme zu mindern.

Normen
§§ 5 Abs. 2, 19 BBiG.

§ 17 – Wettbewerbsverbot

Mit Vereinbarung vom _____ wurde ein nachvertragliches Wettbewerbsverbot [1] vereinbart. Dieses wird hiermit einvernehmlich aufgehoben mit der Folge, dass nach Beendigung des Arbeitsverhältnisses weder eine Verpflichtung zur Wettbewerbsenthaltsamkeit noch ein Anspruch auf Karenzentschädigung [2.3] besteht.

oder

Das vertraglich vereinbarte nachvertragliche Wettbewerbsverbot [1] wird durch diesen Aufhebungsvertrag nicht berührt.

oder

Der Arbeitnehmer verpflichtet sich, für die Dauer von _____ Monaten (*oder* Jahren [2.4]) nach Beendigung des Arbeitsverhältnisses nicht für ein Konkurrenzunternehmen (*oder* nicht in seinem bisherigen Tätigkeitsbereich [2.1]) tätig zu werden. Untersagt ist jede Betätigung, selbständig oder unselbständig, wie auch die unmittelbare oder mittelbare Beteiligung an der Gründung oder den Betrieb eines Wettbewerbers. [2.1] Örtlich erstreckt sich das Verbot auf das Land NRW (*oder* das Bundesgebiet) [2.1]. Der Arbeitgeber verpflichtet sich, für die Dauer des Wettbewerbverbots 50 % der zuletzt bezogenen vertragsgemäßen Leistungen als Entschädigung zu leisten [2.3]. Die Entschädigung unterliegt der Fälligkeit [2.3] des ursprünglich vereinbarten Arbeitsentgelts.

Stichwortverzeichnis

Arbeitslosengeld;	3
Ausbildungsverhältnis;	2.2
Bruttovergütung;	2.3
Fälligkeit;	2.3
Handlungsgehilfe;	2.2
Höchstdauer;	2.4
Inhalt;	2.1
Karenzentschädigung;	2.3
Lohnsteuerpflicht;	4

nachvertragliches Wettbewerbsverbot;	1
Ortsbeschränkung;	2.1
Schriftform;	2.2
Wirksamkeit;	2.2

Kommentierung

1   Überblick

Die Regelung über ein **nachvertragliches Wettbewerbsverbot** im Aufhebungsvertrag orientiert sich an der möglichen Vereinbarung im Arbeitsvertrag. Haben die Parteien des Arbeitsverhältnisses ein Wettbewerbsverbot vereinbart, endet dieses grundsätzlich auch mit Beendigung des Arbeitsverhältnisses. Ob ein Wettbewerbsverbot auch über die Beendigung des Arbeitsverhältnisses bestehen soll, muss daher im Bedarfsfalle ebenso vereinbart werden wie die Beendigung eines ursprünglich vereinbarten nachvertraglichen Wettbewerbsverbots. Arbeitgeber und Arbeitnehmer dürfen das nachvertragliche Wettbewerbsverbot jederzeit einverständlich auflösen.

2   Arbeitsrechtliche Aspekte

2.1   **Inhaltlich** kann ein nachvertragliches Wettbewerbsverbot auch dadurch vereinbart werden, dass es dem Arbeitnehmer per Aufhebungsvertrag verboten wird, zu einem bestimmten Unternehmen zu wechseln. Das nachvertragliche Wettbewerbsverbot kann allgemein unternehmensbezogen oder auch partiell tätigkeitsbezogen formuliert werden. Außerdem kann das Wettbewerbsverbot einer **Ortsbeschränkung** unterworfen werden; eine solche Beschränkung bietet sich an, wenn der Arbeitgeber lediglich regional tätig ist.

2.2   Die **Wirksamkeit** nachvertraglicher Wettbewerbsverbote ist teilweise gesetzlich geregelt. Im **Ausbildungsverhältnis** ist ein solches gemäß § 5 BBiG grundsätzlich unzulässig und darf daher auch nicht im Aufhebungsvertrag vereinbart werden. Für den **Handlungsgehilfen** regeln §§ 74 – 75f HGB das Wettbewerbsverbot. § 74 HGB sieht für das nachvertragliche Wettbewerbsverbot mit einem Handlungsgehilfen die **Schriftform** vor. Da die Rechtslage strittig ist, ob § 74 HGB auch bei der Vereinbarung eines Wettbewerbsverbots erst anlässlich des Abschlusses eines Aufhebungsvertrags anwendbar ist, sollte die Vereinbarung eines solchen immer schriftlich erfolgen. Gegen die Anwendbarkeit von § 74 HGB spricht zwar, dass mit dem Abschluss des Aufhebungsvertrags auch das persönliche Abhängigkeitsverhältnis endet. Die persönliche Abhängigkeit ist der gesetzgeberische Anlass für die Schutzvorschrift des § 74 HGB. Das Revisionsgericht hat die Frage aber bisher nicht abschließend beantwortet.

2.3 Nachvertragliche Wettbewerbsverbote stellen einen Eingriff in die Berufswahl- bzw. Berufsausübungsfreiheit dar. § 74 Abs. 2 HGB schreibt daher für die Verbindlichkeit eines nachvertraglichen Wettbewerbverbots eine so genannte **Karenzentschädigung** vor. Danach ist das Wettbewerbsverbot nur verbindlich, wenn sich der Geschäftsinhaber (das Gesetz verwendet den veralteten Begriff *„Prinzipal"*) verpflichtet, für die Dauer des Verbots eine Entschädigung zu zahlen, die für jedes Jahr des Verbots mindestens die Hälfte der von dem Handlungsgehilfen zuletzt bezogenen vertragsmäßigen Leistungen erreicht. Maßstab ist die **Bruttovergütung**, eingeschlossen aller Einkommensbestandteile wie Leistungszulagen, Provisionen, 13. Gehalt, sonstige Gratifikationen, Spesenpauschalen (es sei denn reiner Unkostenersatz), Dienstwagen. Außer Ansatz bleiben nur die Arbeitgeberanteile zur Kranken- und Rentenversicherung. Die **Fälligkeit** der Karenzentschädigung ist identisch mit der Fälligkeit des Gehalts, also regelmäßig am Monatsende. Die Karenzentschädigung ist ein **allgemeiner Grundsatz** für alle nachvertraglichen Wettbewerbsverbote. Sofern keine Karenzentschädigung vereinbart ist, ist die Wettbewerbsklausel nichtig, der Arbeitnehmer ist nicht an sie gebunden, kann aber auch im Gegenzug bei einem Verzicht der Ausübung einer konkurrierenden Tätigkeit keine Karenzentschädigung beanspruchen.

2.4 Die **Höchstdauer** eines nachvertraglichen Wettbewerbsverbots beträgt zwei Jahre; § 74 Abs. 1 S. 3 HGB. Die Überschreitung der gesetzlichen Höchstdauer führt aber nicht zur vollständigen Unverbindlichkeit der Wettbewerbsabrede. Diese ist vielmehr bis zur gesetzlichen Grenze von zwei Jahren verbindlich (LAG Düsseldorf, Urteil vom 4. März 1997, Az: 3 Sa 1644/96, in: NZA-RR 1998, 58-59).

3 Sozialrechtliche Aspekte

Die **Karenzentschädigung** unterliegt nicht der **Beitragspflicht** zur Sozialversicherung und der Arbeitslosenversicherung; sie stellt kein Arbeitsentgelt im Sinne von § 14 SGB IV dar. Das wirksam vereinbarte

Wettbewerbsverbot schließt Ansprüche auf **Arbeitslosengeld** oder Arbeitslosenhilfe nicht aus; das rechtliche Können im Sinne von § 119 SGB III ist durch das Wettbewerbsverbot nicht ausgeschlossen. Allerdings ist Arbeitslosengeld auf die Karenzentschädigung wie anderweitiger Verdienst im Sinne von § 74c HGB anzurechnen, mit der Folge, dass sich die Karenzentschädigung entsprechend reduziert (BAG, Urteil vom 25. Juni 1985, Az.: 3 AZR 305/83, in: DB 1986, 127-128 = NJW 1986, 275-277 = NZA 1986, 194-195). Die Karenzentschädigung ist hingegen nicht gemäß § 143, 143a SGB III auf das Arbeitslosengeld anzurechnen, die Karenzentschädigung wird erst nach Ende des Arbeitsverhältnis und nicht aufgrund der Beendigung des Arbeitsverhältnisses erworben.

4 Steuerrechtliche Aspekte

Die Karenzentschädigung unterliegt grundsätzlich der allgemeinen **Lohnsteuerpflicht** im Sinne von § 39b Abs. 3 EStG. Wird die Karenzentschädigung im Sinne von § 24 Nr. 1b EStG aber in einem Betrag gezahlt, kommt der Arbeitnehmer in den Genuss der Tarifbegünstigung im Sinne von § 34 Abs. 1 und 2 EStG, wie sie allgemein auch für Abfindungen gilt (vgl. BFH, Urteil vom 16. März 1993, Az.: XI R 10/92, in: DB 1993, 1268-1269).

Normen
§§ 5 BBiG, 74 – 75f HGB, 14 SGB IV, 143, 143a SGB III, 24, 34, 39b EStG.

§ 18 – Verschwiegenheitspflicht

Der Arbeitnehmer verpflichtet sich, über alle [3] ihm während seiner Tätigkeit für den Arbeitgeber bekannt gewordenen internen Angelegenheiten, insbesondere über Geschäfts- und Betriebsgeheimnisse [3], auch nach [1] seinem Ausscheiden Stillschweigen zu wahren.

Stichwortverzeichnis

Allklausel;	3
Betriebsgeheimnis;	3
Entschädigungsregeln;	4

Geschäftsgeheimnis; 3
Kundenschutzabrede; 4
Schadensersatzpflicht; 5
sittenwidrige Schädigung; 2
Verschwiegenheitspflicht, nachvertraglich; 1
Wirksamkeit; 4

Kommentierung

1   Eine generelle **nachvertragliche Verschwiegenheitspflicht** ohne besondere Vereinbarung wird in der Literatur und Rechtsprechung weitgehend abgelehnt.

2   Eine solche soll nur dann existieren, wenn der Arbeitnehmer in der Absicht der **sittenwidrigen Schädigung** ein Betriebsgeheimnis erlangt – §§ 17 Abs. 2 UWG, 826 BGB. Daher ist eine nachvertragliche Verschwiegenheitspflicht ausdrücklich zu vereinbaren.

3   Eine Verschwiegenheitsvereinbarung kann als so genannte **Allklausel** alle arbeitgeberseitigen Informationen erfassen; das Verbot der Bekanntgabe bezieht sich aber im Wesentlichen nur auf Betriebs- und Geschäftsgeheimnisse. Ein **Betriebsgeheimnis** umfasst alle Tatsachen, die in einem Zusammenhang mit dem Geschäftsbetrieb des Arbeitgebers stehen, nur einem eng begrenzten Personenkreis bekannt und nicht offenkundig sind und die nach dem erkennbaren Willen des Arbeitgebers im Rahmen eines berechtigten wirtschaftlichen Interesses geheim gehalten werden sollen. Hiermit vergleichbar ist der Begriff **Geschäftsgeheimnis**, der sich aber mehr auf die wirtschaftlichen Belange des Arbeitgebers bezieht, während das Betriebsgeheimnis die technischen Belange (zum Bsp. das Know-how) erfasst. Sofern der Arbeitgeber kein berechtigtes geschäftliches Interesse an der Einhaltung der Verschwiegenheitspflicht hat, muss der Arbeitnehmer sich nicht an die Allklausel halten. Zu den geschützten berechtigten geschäftlichen Interessen des Arbeitgebers können zählen:

- Know-how (auch wenn es nicht patentfähig ist),
- Warenbezugsquellen,
- Absatzgebiete,

- Kunden- und Preislisten,
- Bilanzen,
- Kreditwürdigkeit,
- Erfindungen des Arbeitnehmers im Rahmen des Arbeitsverhältnisses,
- Inventuren u.a.

4 Die Verschwiegenheitsklausel – auch in Form der Allklausel – ist im Grundsatz nach **wirksam**, auch ohne **Entschädigungsregeln**. Sie stellt keine Umgehung des nachvertraglichen Wettbewerbsverbots dar. Der Arbeitnehmer wird durch die Unverwertbarkeit der Betriebsgeheimnisse nicht an seinem künftigen beruflichen Fortkommen gehindert (BAG, Urteil vom 16. März 1982, Az.: 3 AZR 83/79, in: BB 1982, 1792-1795 = DB 1982, 2247-2248 = NJW 1983, 134-135). Allerdings bedeutet die Verschwiegenheit über Kundenlisten – so genannte **Kundenschutzabrede** – noch nicht die Verpflichtung, die Kunden des Arbeitgebers nicht zu umwerben. Will der Arbeitgeber das verhindern, muss er ein Wettbewerbsverbot vereinbaren (BAG, Urteil vom 15. Dezember 1987, Az.: 3 AZR 474/86, in: DB 1988, 1020-1021 = NJW 1988, 1686-1687 = NZA 1988, 502-505).

5 Verletzt der Arbeitnehmer diese Verschwiegenheitspflicht und entsteht dem Arbeitgeber dadurch ein nachweisbarer Schaden, kann sich der Arbeitnehmer **schadensersatzpflichtig** machen. Dies gilt bei der Preisgabe von Betriebs- und Geschäftsgeheimnissen. Alle anderen arbeitgeberseitigen Informationen, die durch die Klausel erfasst werden sollen, sind hingegen faktisch nicht justiziabel. Es gibt kaum ein berechtigtes geschäftliches Interesse, das nicht zugleich auch ein Betriebs- oder Geschäftsgeheimnis darstellt. Die Bekanntgabe solcher einfachen betrieblichen Tatsachen stellt damit keine Schadensersatz auslösende Verletzung der Verschwiegenheitsverpflichtung dar.

Normen
§§ 17 Abs. 2 UWG, 826 BGB.

§ 19 – Rechtsberatungskosten

Der Arbeitgeber verpflichtet sich, Rechtsanwalts- und Beratungskosten, die dem Arbeitnehmer im Zusammenhang mit dieser Vereinbarung entstanden sind, bis zu einem Höchstbetrag von _____ zu übernehmen. Hierzu wird der Arbeitnehmer eine entsprechende Beratungsrechnung vorlegen.

Anmerkung

Der Aufhebungsvertrag entfaltet gravierende zivil-, arbeits-, sozial- und steuerrechtliche Folgen. Die Beratung durch einen Rechtsanwalt beim Abschluss eines Aufhebungsvertrags ist sinnvoll und zumindest dann praktikabel, wenn der Arbeitgeber andernfalls betriebsbedingt kündigen würde oder der Arbeitnehmer die vorzeitige Beendigung als Mittel der Planung seines beruflichen Werdegangs einsetzt. In diesen Fällen drängt in der Regel keine der Parteien noch im ersten Personalgespräch auf den Abschluss eines Aufhebungsvertrags – insoweit unterscheidet sich die Situation von der regelmäßig konfrontativen Situation für den Arbeitnehmer mit dessen (möglicherweise auch nur vorgeschobenen) verhaltensbedingten Fehlleistungen durch den Arbeitgeber (vgl. III Praktische Tipps, 1. Gesprächssituation und Interessenlage). Die Beratung durch den Rechtsanwalt ist auch deshalb sinnvoll, weil den Arbeitgeber kaum Aufklärungs- und Beratungspflichten (§ 21 – Hinweispflichten und § 22 – Meldepflichten) treffen. Die Kosten für die Beratung muss der **Arbeitnehmer** tragen. Die **Rechtsberatungskosten** können in den Aufhebungsverhandlungen mit dem **Arbeitgeber** angesprochen und geregelt werden.

§ 20 – Klageregelung

Der Arbeitnehmer verpflichtet sich, die beim Arbeitsgericht _____ anhängige(n) Klage(n) mit dem/den Aktenzeichen _____ unverzüglich nach Unterzeichnung dieses Vertrages zurückzunehmen.

Anmerkung

1 Ist zwischen den Parteien ein Arbeitsrechtsstreit anhängig und wird der Rechtsstreit durch die Aufhebungsvereinbarung erledigt, sollten die Parteien die **Aufhebungsvereinbarung** entweder als **Vergleich** vor Gericht erklären oder dem Gericht gegenüber den Abschluss des außergerichtlich vereinbarten Aufhebungsvertrags in vollem Wortlaut mitteilen. Im letztgenannte Falle sollte die oben genannte klarstellende Regelung getroffen werden, mit welcher der Arbeitnehmer verpflichtet wird, alle das Arbeitsverhältnis betreffenden **Klagen zurückzunehmen**. Sofern der Aufhebungsvertrag zu sämtlichen Aspekten Regelungen enthält, erschöpft sich die Verpflichtung nicht nur im Hinblick auf die Rücknahme der Kündigungsschutzklage sondern insbesondere auch auf die Rücknahme etwaiger gesondert erhobener Lohn-, Urlaubs-, Herausgabe- oder Zeugnisklagen.

2 In allen Fällen entfallen dann die **Gerichtsgebühren** für die jeweilige Instanz. Die **außergerichtlichen Kosten** (insbesondere Kosten des Rechtsanwalts) trägt, soweit nichts anderes vereinbart wird, jede Partei selbst – § 12 Abs. 7 ArbGG.

§ 21 – Hinweispflichten

1   Die minderjährige, schwangere [2.2] Arbeitnehmerin wurde auf Verlust des Kündigungsschutzes durch das besondere Kündigungsverbot im Sinne von § 9 MuSchG hingewiesen.

2   Der Arbeitgeber weist daraufhin, dass infolge der vorzeitigen Beendigung des Arbeitsverhältnisses vor Eintritt eines Versorgungsfalles [2.3] bei der Zusatzversorgung sehr hohe Einbußen drohen. [2.3] Der Arbeitnehmer hatte Gelegenheit, sich bei der Zusatzversorgungskasse hierüber vorab zu informieren.

3   Der Arbeitnehmer wurde darauf hingewiesen, dass über den Anspruch auf Arbeitslosengeld [3] durch die zuständige Agentur für Arbeit entschieden wird. Die Agentur für Arbeit entscheidet über die Verhängung einer Sperrzeit [3] ebenso wie über die Anrechnung der geleisteten Abfindung [3]. Der Arbeitnehmer hatte Gelegenheit, sich bei der Bundesagentur für Arbeit hierüber vorab zu informieren.

Stichwortverzeichnis

Abfindung;	3
Aufklärungspflicht;	1.1
betriebliche Altersversorgung;	2.3
Fallgruppen;	2.1
offensichtlicher Fall;	1.2
Richtigkeit;	1.3
Schadensersatz;	5
Schwangere, minderjährig;	2.2
Sonderkündigungsschutz;	2.2
sozialrechtliche Nachteile;	3
Sperrzeiten;	3
steuerrechtliche Nachteile;	4
Treu und Glaube;	1.1
Treuepflicht;	2.1

Kommentierung

1 Überblick

1.1 Jede Vertragspartei hat sich selbst über die Auswirkungen des **Aufhebungsvertrags** zu informieren. Beim Abschluss des Aufhebungsvertrags trifft den Arbeitgeber regelmäßig keine allgemeine **Aufklärungspflicht**. Gleichwohl können sich aus dem Grundsatz von **Treu und Glauben** (§ 242 BGB) für den **Arbeitgeber** Aufklärungspflichten ergeben. Inwieweit und in welchem Umfang eine Aufklärungspflicht besteht, richtet sich nach den Umständen der Auflösung des Arbeitsverhältnisses. Eine Aufklärungspflicht kommt regelmäßig in zwei Fallkonstellationen in Betracht:

- der Arbeitnehmer fragt ausdrücklich nach oder
- es handelt sich um einen offensichtlichen Fall.

1.2 Bei der Beurteilung des **offensichtlichen Falls** sind mehrere Faktoren zu berücksichtigen:

- wurde der **Aufhebungsvertrag** auf arbeitgeberseitige Initiative abgeschlossen,
- war der Informationsbedarf des Arbeitnehmers für den Arbeitgeber erkennbar,
- konnte der Arbeitgeber selbst unschwer Auskünfte erteilen.

1.3 Sofern der Arbeitgeber Auskünfte erteilt, müssen diese **richtig** sein.

2 Arbeitsrechtliche Aspekte

2.1 Den rechtlichen Ursprung hat die arbeitgeberseitige Aufklärungspflicht in der **Treuepflicht** und wird für die folgenden **Fallgruppen** diskutiert:

- beim Verlust des Sonderkündigungsschutzes für werdende Mütter oder schwerbehinderte Arbeitnehmer,
- bei nachteiligen Folgen des vorzeigen Ausscheidens für die betriebliche Altersversorgung,

- im Hinblick auf sozialrechtliche Nachteile (Sperrzeit und Anrechnung von Abfindungen) und
- im Hinblick auf steuerrechtliche Nachteile.

2.2 Im Regelfall muss der Arbeitgeber den Arbeitnehmer beim Abschluss eines Aufhebungsvertrags über den Verlust seines **Sonderkündigungsschutzes** (bei schwangeren Arbeitnehmerinnen – § 9 MuSchG und bei schwerbehinderten Arbeitnehmern – §§ 85 ff SGB IX) nicht aufklären. Eine Ausnahme gilt bei einer **minderjährigen Schwangeren**. Sie kann durch Abschluss eines Aufhebungsvertrags nicht wirksam auf die Vorteile des Mutterschutzes verzichten, wenn ihr diese vorher nicht bekannt waren (vgl. bereits oben. Einleitung, Anm. 3.4).

2.3 Über den drohenden Verlust einer **betrieblichen Altersversorgung** muss der Arbeitgeber den Arbeitnehmer insbesondere dann belehren, wenn er im betrieblichen Interesse den Abschluss eines Aufhebungsvertrags vorschlägt und der Arbeitnehmer offensichtlich mit den Besonderheiten der ihm zugesagten Zusatzversorgung nicht vertraut ist. Unter diesen Umständen reicht der allgemeine Hinweis auf mögliche Versorgungsnachteile und die bloße Verweisung an die Zusatzversorgungskasse unter Einräumung einer Bedenkzeit nicht aus. In einem solchen Fall ist der Arbeitnehmer darauf hinzuweisen, dass sich seine Zusatzversorgung bei Abschluss des Aufhebungsvertrages beträchtlich verringern kann. Auch über die Ursache dieses Risikos (Ausscheiden aus dem Arbeitsverhältnis vor Eintritt eines Versorgungsfalles) hat der Arbeitgeber den Arbeitnehmer in groben Umrissen zu unterrichten (BAG, Urteil vom 17. Oktober 2000, Az.: 3 AZR 605/99, in: DB 2001, 286-288 = NZA 2001, 206-210 ; vgl. bereits BAG, Urteil vom 13. November 1984, Az.: 3 AZR 255/84, in: BAGE 47, 169-179). Die Informationspflicht hat das BAG zwar nicht näher umrissen; nach dem Urteil ist der Arbeitgeber aber nicht verpflichtet, den Arbeitnehmer über die versorgungsrechtlichen Einzelheiten zu unterrichten und die Einbußen bei der Zusatzversorgung genau zu berechnen. Die Aufklärungs- und Informationspflicht des Arbeitgebers endet dort, wo der Arbeitnehmer über den Verlust von Versorgungsanwartschaft selbst informiert ist bzw. über diesen Verlust durch die ihm ausgehändigten Unterlagen hätte Bescheid wissen müsste (BAG, Urteil vom 03. Juli 1990, Az: 3 AZR 382/89, in: BB 1991, 142-143 = DB 1990, 2431-2432 = NZA 1990, 971-973).

3 Sozialrechtliche Aspekte

Wenn der Arbeitgeber Kenntnis hat, dass dem Arbeitnehmer **sozialrechtliche Nachteile** drohen oder wenn er den Eintritt solcher Nachteile vermutet, hat er dies dem Arbeitnehmer mitzuteilen – umfasst hiervon sind insbesondere **Sperrzeiten** (§ 144 SGB III) und **Anrechnung der Abfindung** (§ 143a SGB III). Allerdings schuldet der Arbeitgeber keine inhaltliche Belehrung. Im Übrigen besteht für den Arbeitgeber keine Aufklärungspflicht über etwaige sozialrechtliche Nachteile für den Arbeitnehmer im Zusammenhang mit dem Abschluss eines Aufhebungsvertrags (BAG, Urteil vom 10. März 1988, Az.: 8 AZR 420/85, in: DB 1988, 2006 = NZA 1988, 837-838 = BB 1988, 1962-1962).

4 Steuerrechtliche Aspekte

Der Arbeitgeber muss den Arbeitnehmer beim Abschluss eines **Aufhebungsvertrags** nicht über mögliche **steuerrechtliche Nachteile** bei einer Abfindungsregelung aufklären.

5 Sonstige Aspekte

Trotz **Verletzung** einer Aufklärungspflicht durch den Arbeitgeber bleibt der **Aufhebungsvertrag** wirksam. Allerdings kann die Pflichtverletzung eine Pflicht des Arbeitgebers zum **Schadensersatz** wegen positiver Vertragsverletzung auslösen. Ein Anspruch des Arbeitnehmers auf **Schadensersatz**, der trotz des Hinweises auf möglich sozialrechtliche Folgen den Auflösungsvertrag schließt, ohne sich beim Arbeitsamt über die Auswirkungen zu erkundigen, scheidet aus.

Normen
§§ 9 MuSchG, 85 ff SGB IX, 143a, 144 SGB III.

§ 22 – Meldepflicht

Der Arbeitgeber weist in Erfüllung seiner Verpflichtung gemäß § 2 Abs. 2 Nr. 3 SGB III [1] darauf hin, dass der Arbeitnehmer zur Aufrechterhaltung ungekürzter Ansprüche auf Arbeitslosengeld gemäß §§ 37 b, 140 SGB III verpflichtet [1] ist, sich unverzüglich [3] nach Abschluss dieses Aufhebungsvertrages persönlich [4] bei der zuständigen Agentur für Arbeit als arbeitsuchend zu melden. Bei einem Verstoß gegen die unverzügliche Meldepflicht kann die zuständige Agentur für Arbeit gemäß § 140 SGB III den Anspruch auf Arbeitslosengeld um bis zu maximal 1.500,- € [5] je nach Bemessungsentgelt und in Abhängigkeit der Dauer der Verspätung mindern [5, 7]. Der Arbeitnehmer bestätigt durch die Unterzeichnung dieses Vertrags, dass er über seine Meldeobliegenheit nach § 37b SGB III in Kenntnis gesetzt wurde. [1]

Stichwortverzeichnis

Arbeitslosmeldung, persönliche;	4
Bedenkzeit;	3
BSG – Rechtsprechung;	7
Hinweispflicht, Arbeitgeber;	1
Karenzzeit;	3
Meldeobliegenheit;	1
Meldeobliegenheit, persönlich;	4
Minderung;	5
Normzweck;	2
Schadensersatz, Arbeitgeber;	6
Unverzüglichkeit;	3

Kommentierung

1   Seit dem 01.07.2003 trifft den Arbeitnehmer gemäß § 37b SGB III die **Meldeobliegenheit**, sich unverzüglich persönlich bei der Agentur für Arbeit als arbeitsuchend zu melden, wenn er Kenntnis von der Beendigung des Arbeitsverhältnisses erlangt; von dem Ende des Arbeitsverhältnisses hat der Arbeitnehmer mit Abschluss des Aufhebungsvertrags Kenntnis. Mit dieser Pflicht korrespondiert die besondere Hinweispflicht des Arbeitgebers gemäß § 2 Abs. 2 Nr. 3 SGB III. Die **Hinweispflicht** greift die Verpflichtung nach § 37b SGB III auf.

2   **Normzweck** ist es, den Arbeitnehmer möglichst frühzeitig noch vor Ende des Arbeitsverhältnisses in die Vermittlungsbemühungen der zuständigen Agentur für Arbeit einzubeziehen.

3   Die **Unverzüglichkeit** meint zwar grundsätzlich binnen Tagesfrist, § 37b SGB III räumt dem Arbeitnehmer keine **Bedenkzeit** ein, ob er sich melden soll oder nicht. Wohl aber räumt die Bundesagentur für Arbeit eine **Karenzzeit** von 7 Tagen für die Meldung ein, um Bagatellfälle auszuschließen.

4   Die Meldung hat **persönlich** zu erfolgen, eine fernmündliche Mitteilung reicht wegen dieser gesetzlichen Anordnung nicht aus, die Hinweispflicht des Arbeitgebers erstreckt sich daher auch auf dieses Element. Zu unterscheiden von der Arbeitsuchend – Meldung ist die **persönliche Arbeitslosmeldung** als Anspruchsvoraussetzung für den Erhalt von Arbeitslosengeld gemäß § 118 Abs. 1 Nr. 2 in Verbindung mit § 122 SGB III. Die Hinweispflicht des Arbeitgebers erstreckt sich hierauf nicht.

5   Die Verletzung der Meldeobliegenheit kann zu einem Minderungsbescheid im Sinne von § 140 SGB III durch die Agentur für Arbeit führen. Die **Minderung** richtet sich nach dem Bemessungsentgelt, beträgt maximal 50,- € pro Tag und ist auf maximal 30 Tage begrenzt. Der Höchstsatz beträgt daher 1.500,- €.

6   Verletzt der Arbeitgeber die Hinweispflicht, indem er den ausscheidenden Arbeitnehmer nicht oder inhaltlich fehlerhaft auf seine Meldeverpflichtung hinweist, dann scheidet nach bisheriger Rechsprechung der Berufungsgerichte ein Anspruch auf **Schadensersatz** wegen einer später von der Agentur für Arbeit verhängten Minderung aus, § 2 Abs. 2 Nr. 3 SGB III stellt nur einen allgemeinen öffentlich rechtlichen Programmsatz dar, der keine zivilrechtlichen Ansprüche einräumt. (LAG Schleswig-Holstein, Az.: 3 Sa 63/05; LAG Berlin, Beschluss vom 29. April 2005, Az.: 13 SHa 724/05; LAG Baden-Württemberg, Urteil vom 27. Januar 2005, Az.: 11 Sa 110/04; LAG Hamm (Westfalen), Urteil vom 23. Dezember 2004, Az.: 11 Sa 1210/04; eine Entscheidung des BAG ist indes noch offen).

7   Das **BSG** (vgl. BSG, Urteil vom 25. Mai 2005, Az.: B 11a/11 AL 81/04 R) hat eine mögliche Schadensersatzpflicht des Arbeitgebers ausdrücklich offen gelassen, hat aber den Umfang der Aufklärungspflicht umrissen und es als nicht ausreichend angesehen, allein auf die Meldeobliegenheit hinzuweisen. Notwendiger Bestandteil der Aufklärungspflicht des Arbeitgebers ist es danach auch, auf die Konsequenzen der nicht unverzüglichen Arbeitsuchend – Meldung hinzuweisen; also auch die Minderung in der Aufklärung anzusprechen.

Normen:
§§ 2 Abs. 2 Nr. 3, 37b, 140 SGB III.

§ 23 –Ausgleichsklausel

Mit Erfüllung [2, 4.2] dieser Vereinbarung sind sämtliche Ansprüche [2, 3.1, 3.2, 4.1, 4.2] aus dem Arbeitsverhältnis und seiner Beendigung, gleich auf welchem Rechtsgrund [2] ruhend, gleich ob bekannt oder unbekannt, ausgeglichen.

Stichwortverzeichnis

Ausgleichsklausel;	1
Auslegung;	2
betriebliche Altersversorgung;	3.2
Erfüllungserklärung;	2, 4.2
Erlassvertrag;	2
Mindesturlaub;	4.2
Schuldanerkenntnis, negatives;	2
Tatsachenvergleich;	5
unabdingbare gesetzliche Ansprüche;	4.1
Unwirksamkeit;	5

Kommentierung

1   Eine **Ausgleichsklausel** – auch Ausgleichsquittung – bewirkt, dass mit der Erfüllung der Vereinbarungen im Aufhebungsvertrag eine Vielzahl gegenseitigen Ansprüche aus dem Arbeitsverhältnis erledigt ist; auch wenn sie ausdrücklich nicht in der Ausgleichsklausel erwähnt sind.

2   Welche Ansprüche auch ohne ausdrückliche Inbezugnahme erfasst sind, ist durch **Auslegung** gemäß §§ 133, 157 BGB (vgl. grundlegend BAG, Urteil vom 7. September 2004, Az.: 9 AZR 612/03, in: DB 2005, 779) zu ermitteln. Die Auslegung hat eng zu erfolgen; Hauptinstrument der Auslegung ist der **Aufhebungsvertrag** selbst. Sofern die Parteien eine entsprechende Regelung (bspw. Spesen) im Aufhebungsvertrag getroffen haben, ist auch davon auszugehen, dass der entsprechende Aspekt von der **Erfüllungserklärung** (vgl. auch Anm. 4.2) der Ausgleichsklausel erfasst ist. Die Erfüllungserklärung stellt dabei rechtlich einen **Erlassvertrag** dar, bei dem die Parteien vom Bestehen einer bestimmten Schuld ausgehen, diese Schuld aber nach übereinstimmendem Willen der Parteien nicht mehr erfüllt werden soll beziehungsweise durch den Aufhebungsvertrag erfüllt ist oder als erfüllt gilt. Der Erlassvertrag kann durch ein **negatives Schuldanerkenntnis** ergänzt werden; ein solches liegt vor, wenn der Wille der Parteien darauf gerichtet ist, alle oder eine bestimmte Gruppe von bekannten oder unbekannten Ansprüchen zum Erlöschen zu bringen. Ohne ausdrückliche Regelung werden inhaltlich regelmäßig folgende Ansprüche erfasst:

- offen stehender Lohn,
- 13. Monatsgehalt (anteilig) (BAG, Urteil vom 28. Juli 2004, Az.: 10 AZR 661/03, in: BB 2004, 2134-2136 = DB 2004, 2218-2219 = NJW 2004, 3445-3446),
- Überstundenvergütung,
- offen stehende Spesen,
- Rückerstattungen aus Spesenvorschüssen,
- Arbeitspapiere (allerdings nicht die, auf die ein sachenrechtlicher Herausgabeanspruch besteht, weil sie im Eigentum des Arbeitnehmers stehen – z.B. Sozialversicherungsausweis),
- Rechte aus arbeitsvertraglichen Wettbewerbsverboten und
- Urlaubsansprüche, soweit sie über das gesetzliche Mindestmaß hinausgehen.

3.1   Ohne ausdrückliche Regelung in der Ausgleichsquittung regelmäßig nicht erfasst sind:

- Arbeitnehmererfindungen,

- betriebliche Altersvorsorge,
- Ansprüche aus einem selbständigen Darlehensvertrag,
- Regressansprüche gegen den Arbeitnehmer (vgl. auch § 24 – Regressansprüche),
- Zeugnisanspruch und
- Herausgabeansprüche aus Eigentum.

3.2 Ansprüche auf eine **betriebliche Altersversorgung** werden durch Ausgleichsklauseln in Aufhebungsverträgen (sowie Ausgleichsquittungen und Vergleichen) grundsätzlich nicht berührt (OLG Köln, Urteil vom 27. Oktober 1999, Az.: 27 U 2/99, in: NZG 2000, 436-438). Sofern die Parteien daher auch Ruhegelder im zulässigen Rahmen des § 17 Abs. 3 BetrAVG von der Ausgleichsklausel erfassen wollen, müssen sie dies ausdrücklich regeln.

4.1 Die Ausgleichsklausel erfasst nie **unabdingbare gesetzliche Ansprüche**; insbesondere:
- den Anspruch auf den gesetzlichen Mindesturlaub bzw.
- die Urlaubsabgeltung.

4.2 Die **Erfüllungserklärung** (vgl. auch Anm. 2) in einer Ausgleichsklausel, umfasst dabei lediglich die Urlaubsansprüche, über die der Arbeitnehmer frei verfügen kann, der Arbeitnehmer verliert damit gerade nicht seine Ansprüche auf den gesetzlichen **Mindesturlaub** (BAG, Urteil vom 20. Januar 1998, Az.: 9 AZR 812/96, in: DB 1998, 1236-1238 = NZA 1998, 816-817 = BB 1998, 1744-1746.).

5 Eine Ausgleichsklausel, die solche Ansprüche ausschließt ist **unwirksam**. Das gleiche gilt, wenn mit der Ausgleichsklausel tarifvertragliche Ansprüche (§ 4 Abs. 4 TVG) oder Ansprüche aus einer Betriebsvereinbarung (§ 77 Abs. 4 BetrVG) ausgeschlossen werden. Allerdings können die Parteien im Rahmen der Ausgleichsklausel auch einen **Tatsachenvergleich** abschließen, mit dem diese Mindestrechte de facto ausgeschlossen werden, weil über deren tatsächliche Voraussetzungen Streit besteht. Das kann beim Urlaub namentlich der Fall

sein, wenn dieser nicht im laufenden Jahr genommen wurde und die Voraussetzungen einer Übertragung bis zum 31.03. des Folgejahres im Sinne von § 7 Abs. 3 S. 2 BUrlG streitig sind.

Normen
§§ 17 BetrAVG, 4 TVG, 77 BetrVG, 7 BUrlG.

§ 24 – Regressansprüche

Von der Ausgleichsklausel sind insbesondere auch mögliche Regressansprüche des Arbeitgebers gegenüber dem Arbeitnehmer aus dem Vorfall vom _____ , bei dem der Arbeitnehmer das Firmeneigentum in Form _____ beschädigt hat, erfasst.

Anmerkung

Die Rechtsprechung hat für einen **Regressanspruch** des Arbeitgebers bei schadenstiftendem Verhalten des Arbeitnehmers – gleichgültig ob an Unternehmereigentum oder an Eigentum oder Leib und Leben von Mitarbeitern – Haftungsgrundsätze nach dem Prinzip der **betriebsbedingt veranlassten Tätigkeit** aufgestellt. In Abhängigkeit vom Verschuldensmaßstab haftet der Arbeitnehmer bei leichter Fahrlässigkeit gar nicht, bei mittlerer und schwerer Fahrlässigkeit haftet er nach einer Quote und bei Vorsatz haftete der Arbeitnehmer grundsätzlich voll. Beeinflussender Faktor ist dabei unter anderem auch der Verdienst des Klägers; Lohn und Schadensersatz müssen in einem ausgewogenen Verhältnis stehen. Für den Arbeitgeber liegen in der Durchsetzbarkeit möglicher Schadensersatzansprüche anlässlich solcher schadensstiftender Ereignisse erhebliche Prozessrisiken, er ist für den Maßstab des Verschuldens darlegungs- und beweispflichtig. Im Gesamtpaket eines Aufhebungsvertrages bietet sich daher auch eine Regelung an, die einen Prozess um einen solchen Schadensersatzanspruch vermeidet. Der Regressanspruch ist dabei regelmäßig nicht von der allgemeinen Ausgleichsklausel erfasst. Der Verzicht auf einen solchen muss gesondert vereinbart werden.

§ 25 – Zurückbehaltungsrecht

Beiden Parteien steht kein Zurückbehaltungsrecht hinsichtlich der sich aus diesem Aufhebungsvertrag ergebenden Verpflichtungen zu.

Anmerkung

Diese Regelung ergänzt das grundsätzliche Zurückbehaltungsverbot bei Arbeitspapieren (vgl. § 11 – Arbeitspapiere, Anm. 4.3) bei Arbeitgebereigentum (vgl. § 16 – Unternehmereigentum, Anm. 3.) und beim Arbeitszeugnis (vgl. § 11 – Zeugnis, Anm. 11.). Auch ein Zurückbehaltungsrecht etwaiger Lohnzahlungen, das sich ohnehin immer an den Pfändungsgrenzen anzulehnen hat, um nicht das Aufrechnungsverbot im Sinne von § 394 BGB zu umgehen, wird damit ausgeschlossen.

§ 26 – Aufrechnungsverbot

Den Parteien steht keine Möglichkeit der Aufrechnung mit den sich aus diesem Aufhebungsvertrag ergebenden finanziellen Verpflichtungen zu.

Anmerkung

Für Lohnansprüche gilt ohnehin ein Aufrechnungsverbot, soweit damit die Pfändungsgrenzen gemäß § 394 in Verbindung mit §§ 850 ff ZPO – insbesondere das Existenzminimum nach § 850c ZPO – überschritten werden. Dieses Aufrechnungsverbot wird durch ein allgemein vereinbartes Aufrechnungsverbot ergänzt und erstreckt es auf alle im Übrigen aufrechnungsfähigen Ansprüche der Beteiligten (bspw. Spesen, Vergütung aus Arbeitnehmererfindungen, Karenzentschädigung u.a.).

§ 27 – Salvatorische Klausel

Sollte eine Bestimmung dieses Vertrages unwirksam sein, wird die Wirksamkeit der übrigen Bestimmungen davon nicht berührt. Der Arbeitnehmer und der Arbeitgeber verpflichten sich, anstelle der unwirksamen Klausel eine Regelung zu treffen, die den gesetzlichen Bestimmungen entspricht beziehungsweise rechtlich zulässig ist.

Anmerkung

Unwirksame einzelne Bestimmungen des **Aufhebungsvertrags** führen im Zweifel dazu, dass der gesamte **Aufhebungsvertrag** unwirksam ist; jedenfalls dann, wenn sie zentrale Regelungen des Aufhebungsvertrags betreffen. Namentlich folgende Regelungen eines Aufhebungsvertrags sind anfällig für rechtliche Fehler und damit für eine Unwirksamkeit, weil deren Wirksamkeitsvoraussetzungen erst durch die Rechtsprechung konturiert oder entwickelt worden:

- nachvertragliches Wettbewerbsverbot und Karenzentschädigung,
- Rückzahlung von Fortbildungskosten.

Die salvatorische Klausel dient dazu, trotz möglicher Unwirksamkeit einer Klausel, den gesamte Aufhebungsvertrag zu retten.

III Praktische Tipps

Der Aufhebungsvertrag ist ein wichtiges Instrument der Personalabbauplanung. In dieser Eigenschaft ist der Aufhebungsvertrag – neben der Kündigung – das praktisch bedeutsamste Instrument zur Beendigung des Arbeitsverhältnisses und dient zu einer ganz erheblichen Zahl (achtzig Prozent), bei einer bevorstehenden Beendigung eines Arbeitsverhältnisses deren Folgen nebst Abfindungsregelung zu klären.

1 Gesprächssituation und Interessenlage

1 Ein Aufhebungsvertrag drängt sich in drei unterschiedlichen Fallkonstellationen auf, die für den Arbeitnehmer aber auch für den Arbeitgeber eine jeweils vollständig andere **Gesprächssituation** und **Interessenlage** darstellen:

- Der Arbeitgeber bietet dem Arbeitnehmer zur Vermeidung einer ansonsten auszusprechenden **betriebs- oder personenbedingten Kündigung** einen Aufhebungsvertrag an,

- der Arbeitgeber konfrontiert den Arbeitnehmer mit **strafrechtlich relevanten Vorwürfen**, um das Arbeitsverhältnis unverzüglich mittels Aufhebungsvertrag aufzulösen oder

- der Arbeitnehmer strebt die Beendigung des alten Arbeitsverhältnisses an, um ein neues Arbeitsverhältnis einzugehen – Planung des **beruflichen Werdegangs**.

2 Der Aufhebungsvertrag zur Vermeidung einer **betriebsbedingten Kündigung** bietet gegenüber der Kündigung den Vorteil der Rechtssicherheit für den Arbeitgeber. Ihm droht kein langwieriger Prozess einer Kündigungsschutzklage. In dieser Situation werden die Personalgespräche in der Regel nicht unter Zeitdruck geführt, es besteht die Möglichkeit für den Arbeitnehmer, sich beraten zu lassen. In diesen Fällen hat der Arbeitnehmer eine starke Verhandlungsposition, weil der Arbeitgeber das Arbeitsverhältnis gerne ohne langen Streit beenden möchte, ihm aber im Kündigungsfall regelmäßig eine Kündigungsschutzklage mit einer langen Verfahrensdauer droht. Bestandsschutzstreitigkeiten – also Streitigkeiten, die um den Erhalt des Arbeitsplatzes gehen –

sind dabei stets gemäß § 64 Abs. 2 lit. c) ArbGG berufungsfähig. Die Verfahrensdauerdauer einer entsprechenden Kündigungsschutzklage kann bis zum Abschluss in der Berufungsinstanz bis zu 2 Jahre oder länger dauern, das Risiko eines Revisionsverfahrens dabei nicht berücksichtigt. Das Risiko des Annahmeverzugslohns stärkt die Position des Arbeitnehmers.

3   In einer vollkommen anderen Situation befindet sich der Arbeitnehmer, wenn er – zumeist ohne jede Vorankündigung – zu einem Personalgespräch gebeten wird und in diesem dann mit verhaltensbedingten und hier namentlich mit (mehr oder minder konkreten) **strafrechtlich relevanten Vorwürfen** konfrontiert wird. Arbeitgeber stellen in einer solchen Situation den betroffenen Mitarbeiter regelmäßig vor die Wahl wegen der Zerstörung des Vertrauensverhältnisses einen Aufhebungsvertrag mit sofortiger Wirkung abzuschließen oder eine verhaltensbedingte fristlose Kündigung entgegenzunehmen. Im Gegenzug zur Unterzeichnung des Aufhebungsvertrags verzichtet der Arbeitgeber dann regelmäßig auf eine entsprechende Strafanzeige, die als Druckmittel ein solches Personalgespräch prägt. Der Aufhebungsvertrag ist in diesen Fällen zumeist bereits vorgefertigt, der Abschluss hat nach dem Willen des Arbeitgebers regelmäßig noch im ersten Personalgespräch zu erfolgen. Unterzeichnet der Arbeitnehmer den Aufhebungsvertrag, dann enden nicht nur unmittelbar alle Ansprüche aus dem Arbeitsverhältnis, der Arbeitnehmer muss dann auch mit den sozialrechtlichen Konsequenzen – insbesondere der Verhängung einer Sperrzeit – rechnen. Sofern der Tatvorwurf konkret ist, kommt der Arbeitnehmer regelmäßig auch nicht mehr mittels Anfechtung vom Aufhebungsvertrag los. Der Arbeitnehmer ist grundsätzlich in der Lage, den Abschluss des Aufhebungsvertrags schlicht abzulehnen. Tut er dies, hat er Zeit für die Beratung. Die Vermeidung eines strafrechtlichen Ermittlungsverfahrens, mit einem sich möglicherweise anschließenden Strafverfahren und einer möglichen folgenden Verurteilung ist aber eine wichtige Motivation, über den Abschluss eines Aufhebungsvertrag in der Folgezeit nachzudenken. Die rechtliche Beurteilung des Tatvorwurfs sollte dabei ebenso anwaltlich geklärt werden, wie die Erfolgsaussichten einer möglichen Kündigungsschutzklage gegen die alternativ angedrohte fristlose Kündigung wie auch die Modalitäten des unterbreiteten Aufhebungsvertrags. Namentlich die fristgerechte arbeitgeberseitig veranlasste Been-

digung des Arbeitsverhältnisses bei sofortiger unbezahlter Freistellung ist ein denkbares Konstrukt. Diese Aspekte kann der Arbeitnehmer nur klären, wenn er in dem Personalgespräch keinen Aufhebungsvertrag abschließt.

4   Auf folgende **Gesprächsumstände** muss der Arbeitnehmer daher bei einem **arbeitgeberseitig veranlassten Aufhebungsvertrag** gefasst sein:
- das Personalgespräch wird teils ohne Vorankündigung geführt und
- das Personalgespräch ist ein Vier-Augen-Gespräch (oder zu ungunsten des Arbeitnehmers regelmäßig auf Arbeitgeberseite mehr).

5   Sofern der Arbeitnehmer den Aufhebungsvertrag initiiert, weil er seinen **beruflichen Werdegang** damit plant, kann er sich entsprechend Zeit nehmen, sich vorab umfassend beraten zu lassen und karrierebewusst die Weichen richtig zu stellen.

6   Folgende **Ratschläge** mögen (insbesondere dem Arbeitnehmer) für und in einem Personalgespräch helfen:
- Person des Vertrauens mitnehmen,
- im Personalgespräch Anlass mitteilen lassen (Anlass für Aufhebungsvertrag betriebs-, personen- oder auch verhaltensbedingte Gründe),
- Unterschrift verweigern – keine Flucht in die Unterschrift eines Aufhebungsvertrags,
- eine alternativ erteilte Kündigung nicht bestätigen – es sei denn, dies bestätigt ausschließlich den Erhalt der Kündigung (wer sich mit der Kündigung einverstanden erklärt, erklärt auch einen Rechtsmittelverzicht – eine anschließende Kündigungsschutzklage ist damit unzulässig),
- Zeit für Beratung aushandeln, namentlich auch und gerade bei einer angedrohten verhaltensbedingten Kündigung – mit u.U. einem strafrechtlich relevanten Vorwurf,

- sofern der Arbeitgeber eine Bedenkfrist bei einer beabsichtigten verhaltensbedingten Kündigung einräumt, sollte diese zwar angemessen für eine Beratung sein, aber so kurz ausfallen, dass möglichst schnell Rechtsklarheit geschaffen wird.

Aus § 82 Abs. 2 S. 2 BetrVG kann sich dabei im Einzelfall ein Anspruch des Arbeitnehmers auf Hinzuziehung eines Betriebsratsmitglieds zu einem Personalgespräch über den Abschluss eines Aufhebungsvertrags ergeben (BAG, Beschluss vom 16. November 2004, Az.: 1 ABR 53/03, in: DB 2005, 504-506 = NZA 2005, 416-419 = BB 2005, 1505-1508).

Überblick: Vorteile eines Aufhebungsvertrags

Vorteile eines Aufhebungsvertrags:	
Für Arbeitgeber	**Für Arbeitnehmer**
- sämtliche Arbeitnehmerschutzvorschriften werden außer Kraft gesetzt - Prozessrisiko und damit Annahmeverzugslohnrisiko ausgeschlossen - Umfassende Regelung aller offenen Ansprüche	- beruflicher Werdegang – keine Einhaltung von Kündigungsfristen - Kündigungsgrund wird nicht publik - Umfassende Regelung aller offenen Ansprüche – eingeschlossen die Abfindung

2 ...und danach

Sofern der Arbeitnehmer einen Aufhebungsvertrag verweigert und sich die Kündigung geben lässt (auch wenn sie fristlos wegen verhaltensbedingtem Vorwurf ausgesprochen wird), beginnt die drei Wochen Frist binnen derer der Arbeitnehmer die Kündigungsschutzklage erheben muss. Die Frist nach § 4 KSchG ist eine Ausschlussfrist; versäumt der Arbeitnehmer die Frist, ist die Klage unzulässig, soweit nicht ausnahmsweise eine Zulassung der Klage im Sinne von § 5 KSchG möglich ist. Innerhalb dieser Frist bietet sich ein Gespräch mit der gewerkschaftlichen Vertretung oder mit einem Anwalt an. Klagen nach Fristablauf werden von den Gerichten nur noch der allgemeinen zivilrechtlichen Kontrolle – hier namentlich das Willkürverbot des § 611a BGB und das Recht zur fristlosen Kündigung gemäß § 626 BGB – unterworfen. Die zivilrechtlichen Schutzvorschriften bieten hierbei nur einen wesentlich geringeren Schutz gegenüber dem Kündigungsschutzgesetz.

3 Qualifizierung der Anwälte

Sofern der Arbeitnehmer die Rechtsberatung durch einen Anwalt sucht, ist zu berücksichtigen, dass es Anwälte mit verschiedenem Qualifizierungsgrad gibt:

- Anwalt,
- Anwalt mit einem Interessenschwerpunkt im Arbeitsrecht,
- Anwalt mit einem Tätigkeitsschwerpunkt im Arbeitsrecht und
- Fachanwalt für Arbeitsrecht.

Arbeitsrecht ist eine schwierige Materie, die gerade bei einem Aufhebungs- oder Abwicklungsvertrag weit reichende Berührungspunkte mit dem allgemeinen Zivilrecht sowie dem Sozial- und dem Einkommenssteuerrecht aufweist. Es bietet sich an, einen erfahrenen Anwalt zu kontaktieren und sich von diesem nötigenfalls in dem sich anschließenden Gerichtsverfahren vertreten zu lassen. Hierbei treten Anwälte in Branchenbüchern regelmäßig unter verschiedener Bezeichnung auf, die standesrechtlich veranlasst sind und dem Ratsuchenden eine Orientierung bieten sollen, wie erfahren der Anwalt ist.

Übersicht:: Qualifizierungsgrad von Anwälten

Anwaltstyp	Anwalt	Anwalt mit Interessen-schwerpunkt	Anwalt mit Tätigkeits-schwerpunkt	Fachanwalt
Qualifikation	Ohne einschlägige spezifische Ausbildung oder Erfahrung im Bereich Arbeitsrecht	- Keine besondere Qualifikation - Keine besondere Erfahrung - Besonderes Interesse im Bereich Arbeitsrecht (sehr subjektiv)	- Keine besondere Qualifikation - Besonderes Interesse am Arbeitsrech - Seit 2 Jahren im Bereich Arbeitsrecht tätig - Keine Überprüfung in wie vielen Fälle der Anwalt Erfahrung gesammelt hat	- besondere Qualifikation durch drei-wöchigen Lehrgang mit Abschluss durch Klausuren - 100 Arbeits-rechtsfälle in drei Jahren
Verleihung		Kein besonderer Verleihungsakt durch die berufsständische Rechtsanwalts-kammer	Kein besonderer Verleihungsakt durch die berufsständische Rechtsanwalts kammer	Der Titel wird durch die zuständige berufsständi-sche Rechts anwaltskam-mer verliehen

Über die Einhaltung der korrekten Bezeichnung wachen die zuständigen Rechtsanwaltskammern. Fachanwälte für Arbeitsrecht unterscheiden sich in ihrer Qualifikation erheblich voneinander. Die Erledigung von 100 Fällen in drei Jahren ist eine niedrige Schwelle für die Verleihung des Titels. Vor der Mandatierung des Fachanwalts sollten Informationen eingeholt werden, wie stark der Anwalt tatsächlich im Bereich Arbeitsrecht tätig ist. Quellen können sein der Hausanwalt, andere Mitarbeiter, Suchportale im Internet, Anwaltssuchservice.

4 Anwaltskosten und Pauschalvereinbarungen

Die Kosten richten sich grundsätzlich – wie bei jeder anderen anwaltlichen Tätigkeit – nach dem **Gegenstandswert** auf der Grundlage des § 23 RVG (Rechtsanwaltsvergütungsgesetz). Der Gegenstandswert richtet sich nach dem Bruttoverdienst des Arbeitnehmers. Der Gegenstandswert wegen der **Bestandsstreitigkeit** wird dabei gemäß § 42 Abs. 3 GKG mit dem 3 fachen Satz des Bruttomonatsverdienst in Ansatz gebracht. Den Gegenstandswert erhöhen können beispielsweise die **Zeugnisklausel** oder **Urlaubsregelungen**, soweit diese Aspekte tatsächlich streitig sind. Die Zeugnisklausel wird regelmäßig mit einem Bruttomonatsgehalt, die Urlaubsregelung mit deren wirtschaftlicher Bedeutung in Ansatz gebracht. Dienen solche Regelungen hingegen lediglich der Klarstellung, ohne dass die Parteien hiermit einen Streit beilegen, wirken sie nicht Gebühren erhöhend. Der Gegenstandswert wird dabei auch nie um den **Abfindungsbetrag** erhöht. Der Anwalt ist nach 2400 VV RVG berechtigt, einen Gebührenrahmen von 0,5 bis 2,5 Gebühren für seine Beratertätigkeit zum Abschluss des Aufhebungsvertrags zu verlangen. Hierfür muss der Rechtsanwalt aber tatsächlich an der Gestaltung eines Vertrages mitgewirkt haben. Der Anwalt ist dabei allerdings regelmäßig auf den **1,3 fachen Satz** beschränkt. Will er den Gebührenrahmen darüber hinaus ausschöpfen, muss seine Tätigkeit umfangreich oder schwierig sein. Die Gebühren richten sich § 13 RVG in Verbindung mit der Gebührentafeln.

Übersicht: Rechtsanwaltsgebühren nach dem RVG

Gegenstandswert	Gebühren – 1,3 facher Satz
1.500,- €	136,50 €
2.500,- €	209,30 €
3.500,- €	282,10 €
4.500,- €	354,90 €
6.000,- €	439,40 €
7.000,- €	487,50 €
8.000,- €	535,60 €
9.000,- €	583,70 €
10.000,- €	631,80 €
13.000,- €	683,80 €
16.000,- €	735,80 €
19.000,- €	787,80 €

Daneben erhebt der Anwalt nach 7002 VV RVG noch eine **Post- und Telekommunikationspauschale** von maximal 20 ,- (oder 20 % der Gebühren nach obiger Tabelle). Außerdem entfallen wie bei jeder Anwaltsrechnung noch 16 % Mehrwertsteuer auf den Rechnungsbetrag.

Praxisbeispiel: Erhält der Arbeitnehmer ein Bruttomonatsgehalt in Höhe von 3.000,- € und ist zwischen den Parteien nur der Bestand des Arbeitsverhältnisses streitig – werden alle anderen Regelungen also außer Betracht gelassen – ergibt sich ein Gegenstandswert von 9.000,- €. Daraus ergibt sich:

Anwaltshonorar (1,3 facher Satz)	583,70,- €
Postpauschale	20,- €
Mehrwertsteuer 16 %	93,39 €
GESAMT	**697,09 €**

Die Abrechnung auf der Basis des Streitwerts stellt für denjenigen, der sich beraten lassen will – regelmäßig eher der Arbeitnehmer – die finanziell ungünstigere Lösung dar. Es entstehen erhebliche Kosten. Deshalb bieten einige Rechtsanwälte Beratungen auf Basis einer pauschalen Honorarvereinbarungen an. Die Festpreise liegen bei Online–Angeboten zwischen 129,- € (vgl. www.recht-nah.de) und 145,- € (vgl. www.arbeitsvertrag.de). Der Gang zu dem Fachanwalt ihres Vertrauens, auch wenn hierbei höhere Kosten für eine pauschale Honorarvereinbarung anfallen, ist aber in Betracht zu ziehen. Erfahrungsgemäß gibt es bei der Erstellung des Aufhebungsvertrags immer wieder Rücksprachebedarf, außerdem entsteht ein „guter" Aufhebungsvertrag erst auf der Grundlage von direkten Verhandlungen zwischen den Parteien. Diese Leistungen sollte in der Beauftragung des Rechtsanwalts enthalten sein, um einen für beide Parteien gerechten Ausgleich der Interessen unter Nutzung des anwaltlichen Sachverstandes zu gewährleisten. Außerdem kann zwischen Arbeitnehmer und Anwalt vereinbart werden, dass das Honorar der Pauschalvereinbarung auf die Rechtsanwaltskosten nach dem RVG in einem möglicherweise folgenden Prozess (namentlich einem Kündigungsschutzprozess) anzurechnen ist.

5 Unterlagen für ein Beratungsgespräch

Für ein Beratungsgespräch fordert der Rechtsanwalt regelmäßig folgende Unterlagen an:

- Aufhebungsvertrag bzw. den Entwurf,
- Arbeitsvertrag (auch ältere Arbeitsverträge),
- Zeugnis bzw. Zeugnisentwurf,
- letzte Gehaltsabrechnung,
- Betriebsvereinbarungen (soweit solche existieren und zugänglich sind).

6 Portale zum Aufhebungsvertrag im Internet

- www.arbeitsagentur.de – unter dem Stichwort „Aufhebungsvertrag"
- http://www.ratgeberrecht.de/index/is00039.html – Überblick über Rechsprechung und zentrale Fragen
- http://www.berufszentrum.de/aufhebungsvertrag.html – Überblick über zentrale Fragen

Literaturverzeichnis

Bauer, Jobst-Hubertus, Arbeitsrechtliche Aufhebungsverträge, 7. Auflage, C.H. Beck Verlag, 2004.

Bauer, Jobst-Hubertus, Das Ende der außergerichtlichen Beilegung von Kündigungsstreitigkeiten? - Zugleich Besprechung von BSG vom 18.12.2003 - B 11 AL 35/03 R, in NZA 2004, 640-642.

Bährle, Ralph J., Vorteilhafte Aufhebungsverträge für Manager, Metropolitan Managment, 1998.

Besgen, Nicolai, Auswirkungen des neuen Abfindungsanspruchs auf das Arbeitsförderungsrecht, in: FA 2004, 173-175.

Burkardt, Nicole, Der arbeitsrechtliche Aufhebungsvertrag, Peter-Lang-Verlag, Frankfurt 2004.

Bengelsdorf, Peter, Aufhebungsvertrag und Abfindungsvereinbarungen, m. CD-ROM, Beck'che Musterverträge, Band 9, 4. Auflage, C.H. Beck Verlag, 2004.

Blom, Herman, und Gramsbergen-Hoogland, Yvonne, Trennungsgespräche professionell führen, Expert-Verlag, 2004.

Ebert, Oliver / Schar, Oliver, Freistellungsvereinbarungen im Aufhebungs- / Abwicklungsvertrag, in: ArbRB 2003, 215-218.

Freckmann, Anke, Abwicklungs- und Aufhebungsverträge, Heidelberger Musterverträge, Recht und Wirtschaft, 2004.

Freckmann, Anke, Abwicklungs- und Aufhebungsverträge - in der Praxis noch immer ein Dauerbrenner, in: BB 2004, 1564-1567.

Gagel, Alexander, Sperrzeit durch Abfindungsvertrag, Zur Bedeutung einer vorangegangenen rechtmäßigen Kündigung für die Beendigung der Beschäftigung im Sinne von § 144 SGB III - zugleich Besprechung BSG, Urt v 18.12.2003 - B 11 AL 35/03 R, in: ZIP 2005, 332-334.

Gaul, Björn, Aufhebungs- und Abwicklungsvertrag: Aktuelle Entwicklungen im Arbeits- und Sozialversicherungsrecht, in: BB 2003, 2457-2464.

Hapfelmeier, Manfred G., Abfindungen richtig regeln, Recht und Wirtschaft, 2004.

Hjort, Jens P., Aufhebungsvertrag und Abfindung, Bund-Verlag, 2003.

Hümmerich, Klaus, Aufhebungsvertrag und Abwicklungsvertrag, Deutscher Anwaltverlag, 2003.

Hümmerich, Klaus Aufhebungs- und Abwicklungsvertrag in einem sich wandelnden Arbeitsrecht, in: NJW 2004, 2921-2931.

Kador / Kador, Fritz-Jürgen / Tobias, Arbeitszeugnisse richtig lesen – richtig formulieren, 6. Auflage, Heider-Verlag, 2001.

Kador / Pornschlegel / Kempe / Kador, Fritz-Jürgen / Hans / Joachim / Tobias, Personalplanung – Grundlage eines systematischen Personalmanagements, RKW-Verlag, 2004

Kern, Jan H / **Kreutzfeldt,** Heiko, Arbeitsrechtliche Abwicklungsverträge am Ende?, in: NJW 2004, 3081-3082.

Kienast, Rainer / **Schmiedl,** Wolfgang, Rechtsprechung zum Widerrufsrecht bei arbeitsrechtlichen Aufhebungsverträgen nach §§ 312, 355 BGB, in: DB 2003, 1440-1443.

Knickenberg, Daniel, Arbeitgeberkündigung und Abwicklungsvertrag - Die sozialversicherungsrechtlichen Folgen, in: AuA 2004, Nr. 11, 16-18.

Kunisch, Peter, Personalreduzierung, Schriftenreihe Recht der Wirtschaft, 4. Auflage, Boorberg Verlag, 2004.

Kramer, Stefan, Sperrzeit als Hindernis für Beendigungsvereinbarungen, in: ArbuR 2004, 402-405.

Mankowski, Peter, Zur Verbrauchereigenschaft des Arbeitnehmers im Arbeitsverhältnis, in: EWiR 2003, 15-16.

Rath, Martin und **Breuer,** Frank, Abmahnung und Aufhebungsverträge, Turnus Verlag, 2003.

Rambach, Peter H M, Aufhebungs-, Abwicklungsvertrag und Abfindung - Sozial- und steuerrechtliche Folgen der Beendigung des Arbeitsverhältnisses, in: AiB 2004, 26-29.

Rumke, Hans-Georg / **Galdia,** Wolfgang / **Stuhlmann,** Wolfgang, Aufhebungsverträge und Abfindungen, m. CD-ROM, Jehle Rehm Verlag, 2003.

Schmitt-Rolfes, Günter, Arbeitsrechtliche Aufhebungsverträge und Abfindungsvereinbarungen, m. Diskette (3 1/2 Zoll), RWS Kommunikationsforum, 2001.

Schulte, Wienhold, Hinweispflichten in Auflösungsverträgen - wann zwingend, wann sinnvoll, wann entbehrlich?, in: ArbRB 2004, 26-29.

Weber, Ulrich / **Ehrich,** Christian / **Burmester,** Antje, Handbuch der arbeitsrechtlichen Aufhebungsverträge, Schmidt Verlag, Köln 2004.

Welslau, Dietmar,; **Haupt,** Andreas / **Lepsien,** Christian, Sozial- und steuerrechtliche Folgen der Beendigung von Arbeitsverhältnissen, O Schmidt Verlag, Köln 2003.

Wolff, Alexander, Abwicklungsvereinbarung am Ende? - Konsequenzen der neuesten Rechtsprechung des BSG zur Sperrzeit für die Praxis in: DStR 2005, 115-117.

Wolff, Alexander, Aufhebungs- und Abwicklungsverträge - Neue Spielregeln?, in: AuA 2003, Nr. 2, 15-17.

Rechtsprechungsnachweise

BAG, Urteil vom 22. April 2004, Az: 2 AZR 281/03; zur Frage der Anfechtung eines Aufhebungsvertrags wegen arglistiger Täuschung, in: NZA 2004, 1295 red. Leitsatz 1-6.

BAG, Urteil vom 27. November 2003, Az.: 2 AZR 135/03, Eine am Arbeitsplatz geschlossene arbeitsrechtliche Beendigungsvereinbarung ist kein Haustürgeschäft im Sinne des § 312 Abs. 1 Satz 1 Nr. 1 BGB, in: DB 2004, 1208-1212 = NZA 2004, 597-604 = NJW 2004, 2401-2407 = BB 2004, 1852-1858.

BAG, Urteil vom 20. Januar 1998, Az.: 9 AZR 812/96, Die Erklärung in einem Aufhebungsvertrag, alle Ansprüche aus dem Arbeitsverhältnis seien erfüllt, umfasst wirksam sämtliche Urlaubsansprüche, über die der Arbeitnehmer verfügen kann. Der gesetzliche Mindesturlaub gehört nicht hierzu, in: DB 1998, 1236-1238 = NZA 1998, 816-817 = BB 1998, 1744-1746.

BAG, Urteil vom 26. August 1997, Az.: 9 AZR 227/96, Endet das Arbeitsverhältnis vorzeitig, etwa durch den Tod des Arbeitnehmers, kann der Abfindungsanspruch nicht entstehen und von den Erben durch Erbfolge erworben werden, in: BB 1998, 700.

BAG, Urteil vom 30. September 1993, Az.: 2 AZR 268/93, Ein Aufhebungsvertrag ist nicht schon deshalb ungültig, weil der Arbeitgeber dem Arbeitnehmer weder eine Bedenkzeit noch ein Rücktritts- oder Widerrufsrecht eingeräumt hat, in: NZA 1994, 209-212 = NJW 1994, 1021-1023 = DB 1994, 279-280 = BB 1994, 785-787.

BAG, Urteil vom 16. Januar 1992, Az.: 2 AZR 412/91, Eine zur Anfechtung berechtigende widerrechtliche Drohung kommt regelmäßig nur dann in Betracht, wenn ein vernünftiger Arbeitgeber eine entsprechende Kündigung nicht ausgesprochen hätte, in: NZA 1992, 1023-1025.

BAG, Urteil vom 03. Juli 1990, Az: 3 AZR 382/89, Versorgungsschaden wegen unterlassener Aufklärung, in: BB 1991, 142-143 = DB 1990, 2431-2432 = NZA 1990, 971-973.

BSG, Urteil vom 25. Mai 2005, Az.: B 11a/11 AL 81/04 R, zur Aufklärungspflicht des Arbeitgebers nach § 2 Abs. 2 Nr. 3 SGB III in Verbindung mit §§ 37b, 140 SGB III.

BSG, Urteil vom 26. Oktober 2004, Az.: B 7 AL 98/03 R, Ein Arbeitsloser hat dann einen wichtigen Grund für die Lösung eines unbefristeten Beschäftigungsverhältnisses zu Gunsten der Aufnahme einer befristeten Beschäftigung, wenn im Zeitpunkt der Lösung objektiv eine konkrete Aussicht bestand, dass das neue Beschäftigungsverhältnis sich in ein dauerhaftes umwandelt, in: NJW 2005, 381-382 = NZA-RR 2005, 217-219.

BSG, Urteil vom 18. Dezember 2003, Az.: B 11 AL 35/03 R, Der Arbeitnehmer löst das Beschäftigungsverhältnis, wenn er nach Ausspruch einer Kündigung des Arbeitgebers mit diesem innerhalb der Frist für die Erhebung der Kündigungsschutzklage eine Vereinbarung über die Hinnahme der Kündigung (Abwicklungsvertrag) trifft, in: DB 2004, 1514-1516 = NZA 2004, 661-664 = NZS 2004, 608-612.

BSG, Urteil vom 25. April 2002, Az.: B 11 AL 100/01 R, Gehörte der Arbeitnehmer zum Zeitpunkt der Lösung des Beschäftigungsverhältnisses noch nicht zur Altersgruppe, der in § 428 Abs. 1 SGB 3 genannten Arbeitnehmer, so kann angenommen werden, dass das Abwarten einer objektiv rechtmäßigen Arbeitgeberkündigung unzumutbar war, weil durch den Abschluss des Aufhebungsvertrages Nachteile für sein berufliches Fortkommen vermieden werden konnten, in: ArbuR 2002, 239.

BSG, Urteil vom 21. Februar 1990, Az.: 12 RK 20/88, Eine Abfindung, die wegen Beendigung einer versicherungspflichtigen Beschäftigung als Entschädigung für die Zeit danach gezahlt wird, ist kein beitragspflichtiges Arbeitsentgelt, in: BB 1990, 1350-1352 = DB 1990, 1520-1521 = NJW 1990, 2274-2275.

BFH, Beschluss vom 25. Juli 2003, Az.: XI B 204/02; Bei einer Entschädigungszahlung, die sich auf zwei oder mehr Veranlagungszeiträume verteilt, kommt eine Anwendung des § 34 EStG grundsätzlich nicht in Betracht.

Abkürzungsverzeichnis

AGBG; Gesetz über die Allgemeinen Geschäftsbedingungen

ArbGG; Arbeitsgerichtsgesetz

ArbNErfG; Gesetz über Arbeitnehmererfindungen

ArbuR; Arbeit und Recht

AuA; Arbeit und Arbeitsrecht

BAG; Bundesarbeitsgericht

BAGE; Entscheidungen des Bundesarbeitsgerichts

BB; Betriebs-Berater

BBiG; Berufsbildungsgesetz

BetrAVG; Gesetz zur betrieblichen Altervorsorge

BetrVG; Betriebsverfassungsgesetz

BFH; Bundesfinanzhof

BGB; Bürgerliches Gesetzbuch

BSG; Bundessozialgericht

BUrlG; Bundesurlaubsgesetz

BVerfG; Bundesverfassungsgericht

DB; Der Betrieb

EntgelfortzG; Entgeltfortzahlungsgesetz

EStG; Einkommenssteuergesetz

GewO; Gewerbeordnung

KSchG; Kündigungsschutzgesetz

LAG; Landesarbeitsgericht

MuSchG; Mutterschutzgesetz

NJW; Neue Juristische Wochenschrift

NZS; Neue Zeitschrift für Sozialrecht

NZA; Neue Zeitschrift für Arbeitsrecht

NZA-RR; NZA-Rechtsprechungsreport Arbeitsrecht

RVG; Rechsanwaltsvergütungsgesetz

SGB; Sozialgesetzbuch

TzBfG; Teilzeit- und Befristungsgesetz

ZPO; Zivilprozessordnung

Stichwortverzeichnis

Die Ziffern verweisen auf die Seitenzahl

Abfindung und betriebliche Altersvorsorge	67
Abfindung, Begriff	48
Abfindungsanspruch (§ 1a KSchG)	32
Abfindungsformen	48
Abfindungshöhe	50
Abfindungsvereinbarung, Auslegung	48
Abwicklungsvertrag	28
Abwicklungsvertrag, echter	30
allgemeine Geschäftsbedingungen	26
Allklausel, Verschwiegenheit	91
Anfechtung	23
Anfechtungsfrist	25
Annahmeverzugslohn	51
Anrechnungsfrist bei Abfindungen	53
Arbeitnehmerschutz	20
Arbeitsbescheinigung	77
Arbeitsmittel	83
Arbeitspapiere	77
Arbeitszeugnis	73
arglistige Täuschung	24
Aufklärungspflicht	96
Auflösungsantrag, Abfindung	47
Ausgleichsklausel	101
Auskunft, Richtigkeit	96
Auslauffrist, Begriff	41

Bedingung	21
Beitragsfreiheit von Abfindungen	56
Besitzstand	47
besondere Härte	36
betriebliche Altersvorsorge, Formen	66
betriebsbedingt veranlasste Tätigkeit	104
betriebsbedingte Kündigung	34
Betriebsgeheimnis	91
Betriebsveräußerung	26
Darlehensvertrag	84
Diensterfindungen	70
Direktversicherung	69
Drohung	24
Einmalzahlung	57
Einmalzahlung, Abfindung	48
Entlassungsentschädigung	48
Erfindung, frei	70
Erfindung, gebunden	70
Erfüllungserklärung	103
Erlassvertrag	102
Erstattungspflicht des Arbeitgebers	37
faktisches Arbeitsverhältnis	21
Fälligkeit bei Arbeitspapieren	78
Fälligkeit der Abfindung	52
Fortbildungsmaßnahmen	86
Freistellung und Erkrankung	42
Freistellung, bezahlt	41
Freistellung, unbezahlt	41

Freistellung, unwiderruflich	42
Freistellung, widerruflich	42
Fünftel-Regelung	58
gerichtliche Protokollierung	30
Geschäftsgeheimnis	91
Gleichwohlgewährung bei Abfindung	55
Gleichwohlgewährung, Arbeitsentgelt und Urlaubsabgeltung	43
Gratifikationen	62
Handlungsgehilfe, nachvertragliches Wettbewerbsverbot	88
Haustürgeschäft	25
Höhe der unverfallbaren Anwartschaft	68
Irrtum	23
Karenzentschädigung	89
Krankenversicherungsschutz und Abfindung	55
Krankenversicherungsschutz, Ruhen – Arbeitsentgelt und Urlaubsabgeltung	44
krankheitsbedingte Kündigung	35
Kundenschutzabrede	92
Kündigungserklärungen, übereinstimmende	20
Kündigungsfrist, überschreiten	30
Kündigungsfrist, unterschreiten	36
Kündigungsrecht nach Aufhebungsvertrag	31
Leistung und Führung	74
Leistungsbetrug	50
Leistungsdauer	37
Lohnsteuerkarte	78
Lösen des Beschäftigungsverhältnis	31
Meldeobliegenheit § 37b SGB III	100

Minderjähriger	23
Minderung	100
Motivirrtum	23
nachvertragliches Wettbewerbsverbot	88
nachvertragliches Wettbewerbsverbot, Wirksamkeit	88
Nutzungsausfallentschädigung	81
Personalabbauplanung	20
Pfändbarkeit der Abfindung	58
Pfändungsschutz bei Ruhegeldern	69
Pflegeversicherungsschutz, Ruhen – Arbeitsentgelt und Urlaubsabgeltung	44
Provision	61
Quotierungsverfahren	68
Rechtsberatungskosten	93
Rechtsfolgeirrtum	23
Regelabfindung	50
Regressanspruch	104
Reisekosten	63
Rückdatierung	21
Rückzahlungsklausel	62
Rückzahlungsklausel, Abfindung	59
Ruhen wegen Abfindung	53
Ruhen wegen Arbeitsentgelt	43
Ruhen wegen Urlaubsabgeltung	43
Sanden/Danner/Küppersbusch	81
Schadensersatz bei Zeugniserteilung	74
Schlussfloskel	73
Schlusszeugnis	73

Schriftform	22
Schuldanerkenntnis, negatives	102
Schwangere, minderjährig	23, 97
Sittenwidrigkeit	26
Sonntags-, Feiertags und Nachtarbeit	45
Sozialplan, Abfindung	47
Sperrzeit wegen Arbeitsaufgabe	31
Sperrzeitregeldauer	36
Sperrzeitverkürzung	36
Spesen	63
Steuerbegünstigung von Abfindungen	57
Steuerfreiheit	56
Steuerlast bei Abfindungen	58
Tantieme	61
Tarifbegünstigung	57
Tatsachenvergleich, Ausgleichsklausel	103
Unverfallbarkeit	66
Unzumutbarkeit, Fortsetzung Arbeitsverhältnis	35
Veranlassung des Aufhebungsvertrags	31, 40
verdeckter Aufhebungsvertrag	29
verdecktes Arbeitsentgelt	50
Vererblichkeit der Abfindung	52
Verfahrensdauerdauer, Kündigungsschutzklage	51
Verjährung bei Arbeitspapieren	79
Verjährung von Abfindungsansprüchen	59
Verjährung, Zeugnisanspruch	75
Verschwiegenheitspflicht, nachvertraglich	91
Verwirkung, Zeugnisanspruch	75

Wahrheitsgrundsatz	73
Werkdienstwohnung	82
Werkmietwohnung	82
Wettbewerbsverbot, Höchstdauer	89
wichtiger Grund	34
Widerrufsrecht	25
Wohlwollen	73
Zeugnis, einfach	73
Zeugnis, qualifiziert	73
Zeugnisberichtigungsanspruch	74
Zuflussprinzip	57
Zurückbehaltungsrecht, Arbeitspapiere	79
Zurückbehaltungsrecht, Arbeitszeugnis	76
Zurückbehaltungsrecht, Unternehmereigentum	83
Zusammenballung	57
Zwischenzeugnis	73

Über den Autor

Dr. Tobias Kador
Jahrgang 1968. Studium der Rechtswissenschaften an der Universität zu Köln. Frühjahr 1999 Assessorenexamen in Bonn. 1999 bis 2001 Promotionsstipendium bei der Friedrich-Naumann-Stiftung. Promotion 2004.

Seit 2001 verschiedene Dozententätigkeiten an der Universität zu Köln und Lehrinstituten in Bonn und Hattingen. Publikationen im Bereich Arbeits- und Internetrecht. Von 2001 bis 2002 tätig als Rechtsanwalt in Bergisch-Gladbach mit dem Schwerpunkt Arbeits- und Sozialrecht. Von Herbst 2002 bis Herbst 2004 Richter an einem Arbeitsgericht; danach Wechsel an ein Sozialgericht. Ehrenamtliches Engagement in politischen und gesellschaftlichen Gremien und Ämtern. Verheiratet, vier Kinder.

Arbeitsrecht

Margit Böhme
Arbeitsvertrag
2005, 88 Seiten, 19,80 €
RKW-Nr. 1483, ISBN 3-89644-230-9

Tobias Kador
Lexikon des Direktionsrechts
2005, 96 Seiten, 19,80 €
RKW-Nr. 1488, ISBN 3-89644-235-X

Margit Böhme
Kündigung des Arbeitnehmers
betriebsbedingt, verhaltensbedingt und personenbedingt
2006, 90 Seiten, 19,80 €
RKW-Nr. 1506, ISBN 3-89644-253-8

Printed by Libri Plureos GmbH
in Hamburg, Germany